Kary Nowak

Die 9 Schlüssel zum Paradies

**Geschichten zum Lachen, Staunen und Lernen
für ein Leben in Liebe, Freiheit und Frieden**

Herzmagie – Band 2

„Vielleicht sollten wir es jetzt mit der Liebe versuchen, weil die Angst die letzten 10.000 Jahre wohl keinen Erfolg gebracht hat."

Gerald Hüther

In Liebe widme ich dieses Buch
meiner ewigen Traumfrau Edeltraud, die
unseren Kindern einen sicheren Hafen gegeben
hat und mit mir seit Jahrzehnten vertrauensvoll
durch dick und dünn geht.

Danke! Danke! Danke!

Tausendmal Danke meiner resoluten, liebevollen Oma, die mich schon als Knirps voll respektierte und in mir die Liebe zur Sprache weckte. Tausendmal Danke meinem hochbegabten Vater, der mich schon als Vierjährigen dazu ermutigte, vor vielen Menschen zu sprechen und mich mit seiner Liebe zu den Geschöpfen des Waldes, der Wiesen und Bäche ansteckte. Tausendmal Danke meiner verantwortungsbewussten Mutter, die mir Zuverlässigkeit und Disziplin vorlebte und immer für mich da war.

Tausendmal Danke meiner geliebten Edeltraud, unseren drei erwachsenen Kindern Dominik, Felix und Sonja, sowie allen meinen Freunden, Mentoren, Kunden und Sponsoren, die es mir immer wieder ermöglichten, ein selbstbestimmtes Leben zum Wohle des Ganzen zu führen.

Vielen, herzlichen Dank den Autoren und Autorinnen der im Literaturverzeichnis genannten Bücher, die mich zu meinen Geschichten und Botschaften inspiriert haben. Nicht zuletzt auch noch vielen, herzlichen Dank an Margeaux, die mich nach 10 Jahren Schreibpause zum Verfassen dieses Buches ermutigt hat und auch an das großartige „Bücher mit Herz" Team! Ohne euch alle hätte ich dieses Buch wohl nie geschrieben.

Kary Nowak

Bestsellerautor, Selfness-Trainer und Vereinsprofi

© 2019 by Bücher mit Herz
Lektorat: Mag. Margeaux Brandl

Cover: Kary Nowak und Markus Klaus-Eder
Layout: Markus Klaus-Eder

1. Auflage 2019 by Bücher mit Herz

Ferdinand Fleischmanngasse 5/10
A-2340 Mödling
www.buechermitherz.org

Bibliografische Information der Deutschen Nationalbibliothek: Die Deutsche Nationalbibliothek verzeichnet diese Publikation in der Deutschen Nationalbibliografie; detaillierte bibliografische Daten sind im Internet über http://dnb.dnb.de abrufbar.

Herstellung und Verlag:
BoD – Books on Demand, Norderstedt

ISBN: 9783749448258

Aus dem Inhalt

Danke! Danke! Danke! 5
Mein lieber Schatz! 9
Adam, Eva und welche Sünde? 15
Der Schuld- und Sühne-Unfug.....................................18
Die 9 Schlüssel zum Paradies 21
Was hab ich Ihnen getan? 25
Was mich stört, zu mir gehört 31
Nur über meine Leiche!..33
Die Heilung von Brustkrebs in einer Nacht 43
Von da an ging es ständig bergauf...............................47
Ausred' verloss' mi nit! 51
Mit Entschuldigungen kocht man keine Suppe! 54
Napoleon und sein Hofnarr 56
Die wundersame Geldvermehrung...............................59
Der Segen des Zehnten...65
Die 3 Siebe des Sokrates... 69
Friedensreich Hundertwasser und sein Wunsch 74
Liebe, Liebe, Liebe, Liebe..76
Zusammenfassung..77
Und so kann jeder seinen Schuldenberg abbauen: 79
Der alte Mann und der junge Prinz.......................... 80
Literaturhinweise 88
Filmempfehlungen 88
Über den Autor.. 89
Aus dem Inhalt des Buchs „Die 9 Schlüssel zum Paradies" .. 91
So profitierst du von 35 Jahren Vereinserfahrung.................94

Mein lieber Schatz!

Herzlich willkommen in unserer Autoren- und Leserfamilie „Bücher mit Herz"! Du hast gerade mein Buch gekauft oder vielleicht von jemandem geschenkt bekommen und beginnst jetzt, es zu lesen! Damit hast du aus einem „nutzlosen Halbfabrikat" ein wertvolles Endprodukt gemacht. Und deshalb bist du jetzt mit Recht (auch) „mein lieber Schatz"!

Die meisten Menschen haben keine Ahnung, wie dramatisch das Thema „Urteilen, Schuld und Sühne" ihr Leben beeinflussen kann oder schauen besser erst gar nicht hin. Denn das kann manchmal ganz schön anstrengend sein. Nach meiner Erfahrung ist es aber wesentlich anstrengender und ungleich frustrierender, ein ganzes Leben lang im Sumpf herum zu waten, als nach und nach den Berg der Freiheit zu erklimmen und dann die wunderbare Aussicht zu genießen!

Ich habe miterlebt, wie eine Frau um die 60 so lange von Arzt zu Arzt ging, bis endlich einer bei ihr die (falsche) Diagnose Brustkrebs stellte und sie dann nach mehreren Chemos und Bestrahlungen elendiglich zugrunde ging. Ich habe miterlebt, wie sich ein Freund aus meiner Kindheit, der schon als kleiner Bub ständig bestraft wurde, sich als etwa 50-jähriger Familienvater das

Leben nahm. Ich habe miterlebt, wie sich eine blitzgescheite Frau trotz meiner eindringlichen Warnung eine Hungerkur verpasste, die ihr eine Lähmung einbrachte und schließlich den Tod.

Ich habe aber auch miterlebt, wie eine etwa 50-jährige, krebskranke, von der Schulmedizin aufgegebene, Frau wieder vollkommen gesund wurde. Ich habe miterlebt, wie sich eine junge Frau aus ihrem „Schuld- und Sühneprogramm" befreien konnte und von da an keinerlei Verluste mehr hatte. Und ich habe mehrfach miterlebt, wie kleine Kinder aufblühen und schon früh Verantwortung übernehmen, wenn sie ohne jegliche Angst vor Strafe aufwachsen und mich immer wieder von neuem gefreut, dass Schuld und Sühne für sie nie ein Thema sein wird.

Dieses Buch veranschaulicht anhand von Geschichten aus dem Leben sowie aus bekannten Büchern und Filmen, wie das Schuld- und Sühneprogramm entsteht und was es alles anrichten kann. Lese die Geschichten und nimm dir Zeit, sie zu verinnerlichen. Mach dir Notizen auf den leeren Seiten nach jedem Kapitel, die wir extra dafür frei gelassen haben. Und wenn du eine Geschichte mit anderen teilen möchtest, dann tu es!

Wenn dich eine Geschichte an ein Ereignis in deinem eigenen Leben erinnert, dann versuche, die Zusammenhänge zu verstehen. Die Geschichten sollen dich inspirieren und motivieren, in jeder Situation eine Lösung zu finden. Und wenn dich eine Geschichte an ein Ereignis im Leben eines anderen erinnert, dann rede mit diesem Menschen und erzähle ihm diese Geschichte.

Dieses Buch verrät das Geheimnis, wie du dein eigenes, mehr oder weniger ausgeprägtes Schuld- und Sühneprogramm deaktivieren und damit unschädlich machen kannst. Und es zeigt, wie du bei deinen Kindern und Enkelkindern verhindern kannst, dass das Programm überhaupt entsteht – ein unbezahlbares Geschenk fürs ganze Leben. Mit Herz und Verstand angewendet ist dieses Buch ein Schatz!

Mein Versprechen: Selbst wenn dich der Inhalt dieses Buchs nur zu einer einzigen Aktion inspiriert oder ermutigt, die dein Leben dauerhaft verbessert, wird es dir bereits tausendmal mehr bringen, als du investiert hast! *

Mein Herzenswunsch: Dass sich (ähnlich wie bei meinem Bestseller „Krebsheiler packen aus") tausende Menschen von meinen Geschichten inspirieren lassen, die Lektionen beherzigen und dafür Liebe, Freiheit und Frieden ernten!

Genieße die Geschichten und lass dich von mir zum Tun ermutigen. Nimm dieses Buch überall mit: ins Kaffeehaus, in Warteräumen, in den Urlaub, sodass andere vielleicht neugierig werden und dich ansprechen. Ja, und besonders großartig wäre es natürlich, wenn du noch zwei weitere Exemplare kaufst und diese deinen besten Freundinnen u./o. Kolleginnen schenkst! Sie werden sich bestimmt freuen und dir ein Vielfaches an Freude zurückgeben!

Auch ich freu mich natürlich. Denn je mehr Menschen dieses Buch selbst entdecken oder geschenkt bekommen, desto weniger Werbekosten haben wir - und können den Preis des Buchs so günstig belassen, dass es sich jeder leisten kann! Und wenn die beiden Menschen, denen du je ein Buch geschenkt hast, es dir nachmachen und ebenfalls je zwei Bücher kaufen und verschenken, usw., dann könnte daraus eine richtige Lawine der Freude werden! Es ist so einfach. **

*) Solltest du bereits das Buch „Der Schuld- und Sühneunfug" von mir haben (dessen Inhalt sehr ähnlich ist), dann hast du etwas gut bei mir. Sende einfach eine E-Mail an kary.nowak@ bruderbaum.org und du bekommst von mir ein wertvolles Geschenk.

**) Der Reinerlös aus dem Verkauf dieses Buches fließt in das Projekt „HERZMAGIE" der Umweltinitiative BRUDER BAUM.

Kary Nowak

EVA IST UNSCHULDIG
... und Adam auch

Wahre Wunder durch
Straffreiheit und Verzeihen.

Geschichten zum Lachen,
Staunen und Lernen ...

Herzmagie – Band 1

Details siehe Seite 90
Erhältlich bei <u>www.bod.de/buchshop</u>
und im Buchhandel

Adam, Eva und welche Sünde?

Die meisten Geschichten in diesem Buch sind nicht erfunden, sondern haben sich tatsächlich so abgespielt. Ob sich die folgende, allseits bekannte Geschichte aus der Bibel so zugetragen hat, ist hingegen mehr als fraglich. Es ist die Geschichte von Adam und Eva, denen ein Gott unter Androhung der Todesstrafe verboten hatte, in seinem Garten die Früchte von zwei seiner Bäume zu essen, vom Baum der Erkenntnis und jenem des ewigen Lebens.

Aufgeklärt von einer aufmüpfigen Schlange, dass dieser Gott sie belogen hätte und sie nicht sterben würden, pflückte Eva eine der Erkenntnisfrüchte und ließ erst Adam kosten, bevor sie selber aß. Beide blieben am Leben – zogen sich aber den heiligen Zorn des Grundbesitzers zu. Denn der ließ sie kurzerhand rausschmeißen und sagte dann zu seinen Götterkollegen: „Siehe, Adam ist geworden wie unsereiner und weiß nun, was gut und böse ist."

Warum dieser Gott die beiden belogen hat, bleibt ein Rätsel. Denn so etwas tun Götter nicht – oder? Warum er sie rausschmeißen ließ, ist klar: ER hatte es verboten, und sie taten es trotzdem.

Strafe muss sein – oder? Warum das „Wissen" über Gut und Böse eine Erkenntnis sein soll, die Adam (nicht Eva!) gottgleich machte, ist das zweite Rätsel.

Denn dadurch unterscheiden wir (Männer?) uns bestenfalls von den Tieren, aber gottgleich wurden wir dadurch ganz bestimmt nicht. Im Gegenteil: Der innere Zwang, über alles und jede/n zu urteilen, hält uns in der Illusion des Getrenntseins gefangen und hindert uns daran, den göttlichen Funken in uns zu entdecken und zu kultivieren.

Eckhart Tolle beschreibt dieses Dilemma des Egos in seinem Buch „Eine neue Erde – Bewusstseinssprung anstelle von Selbstzerstörung" sehr ausführlich und bezeichnet es wörtlich als „Ererbte Störung": Nach Buddha erzeugt der menschliche Geist im Normalzustand Unzufriedenheit, Leiden und Qual. Und die christliche Lehre bezeichnet diesen „normalen" Zustand der Menschheit als „Erbsünde".

Na bravo! Dann ist ja alles palletti! Wir können also gar nichts dafür, dass wir so „gestört" sind. Adam und Eva sind schuld. Die haben uns das eingebrockt, und wir sind jetzt in alle Ewigkeit die Opfer. Aber hallo! Kommt denn niemand auf die Idee, dass wir so etwas wie einen freien Willen haben! Unser Stammvater Adam konnte sich damit sogar einem Gott widersetzen. Da werden wir es doch wohl hinkriegen, selbst zu entscheiden, ob wir Opfer oder Schöpfer unseres Lebens sein wollen!

Die sogenannte Erbsünde ist eine Erfindung von Menschen, die nur einen Zweck verfolgt: uns alle so früh wie möglich schuldig zu machen und damit nach Belieben manipulierbar. Die gute Nachricht: Diese „Sünde" löst sich sofort in Luft auf, sobald wir nicht mehr an sie glauben.

Die schlechte Gewohnheit, über alles und jeden zu urteilen, werden wir leider nicht so schnell loswerden – sie „wohnt" ja schließlich in uns, und das seit über 2.500 Jahren. Die daraus resultierenden, völlig unsinnigen Strafen und Selbstbestrafungen hindern uns bis heute daran, wie im Paradies zu leben.

Ich habe das Phänomen der Selbstbestrafung 40 Jahre lang erforscht und ihm schließlich den Namen „Schuld- und Sühne-Programm" gegeben. Ich habe herausgefunden, wie dieses Programm entsteht und was es alles anrichten kann: Unfälle, Krankheiten, Verlust des Jobs, eines Freundes, eines Kunden, des Partners ...

Die meisten Menschen bezeichnen jedes Ereignis, dessen Ursachen wir nicht kennen, als „Zufall". In Wahrheit fällt uns aber immer nur das zu, was wir beim Universum (bewusst oder unbewusst) „bestellt" haben!

Es gibt verschiedenen Möglichkeiten, so eine „Bestellung" aufzugeben. Sich etwas zu wünschen, ist eine Möglichkeit, sich vor etwas zu fürchten, eine andere. Beim Schuld- und Sühneprogramm ist es die Angst vor der „verdienten" Strafe, die dann meistens verzögert und als „Paket" geliefert wird. Alle Details dazu und die dazu gehörenden Geschichten findest du in meinem Buch „Eva ist unschuldig ... und Adam auch" – und dessen Inhalt am Ende dieses Buches.

Der Schuld- und Sühne-Unfug

Erstens gibt es in jeder Familie (Gruppe) Werte und Glaubenssätze, aus denen (meist ungeschriebene) Regeln für das „richtige" Verhalten abgeleitet werden.

Zweitens folgt jeder bemerkten Regelverletzung in den meisten Familien eine Strafe. Das kann Schimpfen, Schlagen oder der Entzug eines Spielzeugs, des Nachtisches, des Fernsehens oder Computer Spielens sein. Das können schlechte Noten, eine Strafarbeit, Nachsitzen, ins Eck stellen, einsperren oder andere Formen des Liebesentzugs sein, die für jedes Kind die schlimmste Strafe darstellen.

Drittens passiert das so lange, bis im Gehirn des Kindes ein Weg mit der Aufschrift „Wenn Missetat, dann Strafe" entsteht. Werden die Regeln nur selten verletzt oder das Kind kaum bestraft, bleibt es bei diesem schmalen Weg. Meistens gibt es aber sehr viele Regelverletzungen und gleich viele Bestrafungen. Dann wird aus dem Weg eine Straße und schließlich eine Autobahn – das Programm ist etabliert.

Viertens kommt jedes Kind früher oder später drauf, wie es der „verdienten" Strafe entgehen kann, wie z.B. durch Schummeln in der Schule oder (Not)lügen. Weil der programmierte Mensch aber sein ganzes Leben lang auf der „Wenn-Dann-Autobahn" fährt, entsteht nach jeder nicht bestraften Missetat ein weiterer Baustein für seinen „Schuldenberg".

Das geschieht so lange, bis dieser Berg zu groß wird, mit einem Krach umkippt und eine Großbestellung beim Universum auslöst, das zuverlässig liefert: Die schon lang fällige Strafe für alle angesammelten, noch nicht „gesühnten" Missetaten! Ein plötzlicher Unfall, die (Fehl)Diagnose Krebs, eine Fehlbehandlung, der Verlust von Geld, des Jobs oder des Partners ...

All das läuft auf der Triebebene ab, und es werden natürlich keine Autobahnen in unserem Gehirn gebaut, aber andere deutlich erkennbare Veränderungen an den Synapsen (also der Hardware!), die als Konditionierung bezeichnet werden.

Für Hunde gibt es keinen Ausgang aus dem Regelkreis einer Konditionierung, für Menschen gleich mehrere. Und nicht nur das. Wir können sogar dafür sorgen, dass die Konditionierung „Nach Schuld folgt Sühne" erst gar nicht entsteht und damit unseren Kindern und Enkeln viel Leid ersparen, ja sogar Leben retten!

Ich habe mich drei Jahre lang intensiv mit Krebs und anderen scheinbar unheilbaren Erkrankungen beschäftigt und damit, wie die Selbstheilung vor sich geht. Ich habe mit berühmten und erfolgreichen Krebsheilern wie Rudolf Breuß, Julius Hackethal und Ryke Geerd Hamer geredet und gearbeitet, Fallberichte studiert und ihre Patienten befragt. Das Ergebnis: Sie hatten alle ein aktives Schuld- und Sühneprogramm!

Kinder, die (aus ihrer Sicht) zu wenig liebevolle Zuwendung erfahren, verstehen dies oft als

Ablehnung, weil sie nicht gut genug aussehen, ein Mädchen statt des gewünschten Buben sind, weil sie schlimm sind oder schlechte Noten nach Hause bringen. Das gilt vor allem für Kinder, die nur geliebt werden, wenn sie „brav" sind oder gute Leistungen erbringen. Daraus können Schuldgefühle entstehen, die selbstbewusste Kinder aggressiv werden lassen und weniger selbstbewusste depressiv, bis hin zum Selbstmord oder einer schweren Krankheit.

Typisch für solche Kinder kann eine Selbstwerteinbruch sein, der einen kleinen, generalisierten Knochenkrebs (winzig kleine Löcher ähnlich einer Osteoporose) auslöst. Nach Intensivierung der (elterlichen) Zuwendung werden die kleinen Löcher mit Hilfe einer kleinen Leukämie (mehr weiße Blutkörperchen) vom Körper selbst repariert = geheilt! Mehr darüber in meinem Buch über die Krebsheiler und in meinem „Schutzengel-Paket".

Die 9 Schlüssel zum Paradies

Nach dem Installieren des Schuld- und Sühneprogramms durch wiederholte Abfolge von Missetat und Strafe wächst der Schuldenberg bei jedem Gedanken, jeder Emotion, jedem Wort, jeder Tat und jeder Unterlassung, bei der wir uns schuldig fühlen.

Das gilt auch für Kritisieren, nicht verzeihen, Jammern, Verfluchen, Unzufriedenheit und Undankbarkeit, wenn wir dabei bewusst oder unbewusst ein Schuldgefühl empfinden.

Nach jedem der folgenden Aktionen (= Schlüsseln) schmilzt der Schuldenberg aber wie Eis in der Sonne dahin - und wird immer kleiner und kleiner, bis er schließlich zur Gänze im Meer der Dankbarkeit, des Verzeihens und der Liebe verschwindet.

Übernimm die Verantwortung!

Gib Fehler und Irrtümer einfach zu!

Mach den Schaden wieder gut!

Bitte um Verzeihung – auch dich selbst!

Verzeih allem und jedem – auch dir selbst!

Sei allem und jedem dankbar!

Verbessere deine Lebensbilanz!

Liebe dich – und andere wie dich selbst!

Bleib unschuldig!

Weil wir aber nur mit dem Herzen gut lernen, habe ich zu diesen neun lebenswichtigen Aktionen einige Geschichten zum Lachen, Staunen und Lernen geschrieben, die wir hier „Die 9 Schlüssel zum Paradies" nennen wollen. Alle Details zum Entstehen des Schuld- und Sühne-Programms (und wie wir es bei unseren Kindern vermeiden), sowie zwölf Geschichten dazu findest du in meinem Buch „Eva ist unschuldig … und Adam auch" – und dessen Inhalt am Ende dieses Buches.

Was hab ich Ihnen getan?

Draußen wurde es gerade finster, als meine Mutter endlich nach Hause kam. Sie war beim ersten Elternsprechtag in der Handelsakademie, die ich seit Anfang September 1957 mit wachsendem Frust besuchte. Ich saß in der Küche unserer 40-m²-Parterrewohnung neben der Pouthonkirche am Reithofferplatz in Wien Fünfhaus, in der wir immer noch wohnten und wartete mit einem flauen Gefühl im Magen, was sie erzählen würde.

„Es hat überhaupt keinen Sinn, dass du weitermachst, hat dein Englischlehrer gesagt. Ich soll dich raus nehmen." Ich war auf einiges gefasst gewesen, aber nicht auf das. „Wie kann der Typ über mein Leben bestimmen?" schoss es mir durch den Kopf und ich spürte, wie die Hitze des Zorns in mir hochkroch, bis meine Ohren glühten.

Die Tatsache, dass ich damals erst 14 war und allen meine Situation in der HAK ziemlich hoffnungslos erschien, änderte daran gar nichts. Ich hatte drei Monate lang in Englisch, Französisch und Mathe ausschließlich Fünfer kassiert. Das berechtigte aber niemanden, so vernichtend über meine Zukunft zu urteilen!

„Was müsste ich tun", fragte ich schließlich, nachdem sich mein Zorn etwas gelegt hatte „um es doch zu schaffen?" Das ganze Debakel war nur deshalb entstanden, weil ich vor der HAK „nur" im B-Zug einer Hauptschule war. Meine Volksschullehrerin hatte mich dort reingesteckt, weil ich ihrer Meinung nach ein unverbesserlicher Traumtänzer war.

Die Folge war, dass ich mich mit der Hauptschule regelrecht spielte und am Ende sehr gut schreiben, lesen und rechnen, konnte aber keine Ahnung von Mathe und Englisch hatte. Ich war der Beste meiner Klasse und Hahn im Korb von drei Mädchen. Nun war ich der Schlechteste und weit und breit kein Mädchen in Sicht ...

„Ich hab mir gedacht, dass du das fragst", antwortete meine Mutter „und mich gleich erkundigt. Du müsstest in Englisch, Französisch und Mathematik Nachhilfe nehmen und das jeden Tag. Das heißt, bis zu den Sommerferien gäbe es dann für dich nichts als Lernen, Lernen und nochmals Lernen!"

„Okay!" sagte ich nach einer kurzen Pause. „Melde mich bei den Nachhilfelehrern an. Ich mach es!" Keine Ahnung, von wem ich diese Sturheit „geerbt" habe. Aber keine von meinen Eigenschaften brachte mir in meinem ganzen Leben mehr Ärger – und mehr Erfolg – ein als diese!

Gesagt, getan! Doch der Groll auf meinen Englischlehrer, den ich auch in Deutsch hatte, war noch lange nicht vorbei – und bahnte sich schließlich einen, für mich typischen Weg der Entladung in Form einer merkwürdigen Story: Wir sollten als Hausaufgabe eine Karikatur von einem Menschen entwerfen und in eine Geschichte verpacken. Ich wählte dafür einen Verkehrspolizisten, der nicht nur so aussah wie Senka (mein Englischlehrer), sondern der auch so redete, sich genauso bewegte und in jeder Hinsicht so verhielt wie er.

Das war ein Kinderspiel, denn Senka hatte lange, dürre Beine, ebenso lange, ständig herum pendelnde Arme und einen überproportional großen Kopf mit so wenigen Haaren, dass wir sie zählen konnten. Außerdem hatte er eine hohe, singende Stimme, die sich bei Aufregung überschlug, lispelte leicht und schielte auf einem Auge so stark, dass wir manchmal nicht wussten, wen er ansah.

Das alles floss meisterhaft in meine Geschichte über einen Polizisten auf einer Kreuzung ein und fühlte sich unheimlich machtvoll an. Zu meiner „Entschuldigung": Ich hatte ziemlich hohes Fieber, als ich diese Hausaufgabe verfasste, sonst hätte ich mich das wahrscheinlich gar nicht getraut.

In der nächsten Deutschstunde tat Senka etwas, was er noch niemals getan hatte: Er forderte drei Schüler auf, ihm das

Hausaufgabenheft zu geben. Einer davon war ich. Noch immer etwas fiebrig gab ich ihm mein Heft. Doch als er es dann aufschlug und meine Geschichte laut vorzulesen begann, war ich binnen 30 Sekunden schweißgebadet.

Denn mit jedem Satz, den er vorlas, wurde allen im Raum immer klarer, wen ich da karikiert hatte. Zunächst ging nur ein leichtes Raunen durch die Klasse, dann ein verhaltenes, leises Lachen und schließlich ein lautes Gelächter. Dann plötzlich wurde es totenstill, denn Senka hatte sich vor mir aufgebaut, schaute mir unerträglich lange in die Augen und sagte dann mit ernster Miene, aber sanfter Stimme: „Ich verstehe das nicht. Was habe ich Ihnen getan?"

Ich hörte seine Worte wie in Trance und konnte mich weder bewegen, noch darauf antworten. Er erwartete aber ohnehin keine Antwort, sondern drehte sich auf seinem Absatz um, beendete die Vorlesung und wechselte das Thema. Doch mir ging das „Was habe ich Ihnen getan?" nicht mehr aus dem Kopf.

Er hatte nicht geschimpft, und er gab mir keine Strafe. Ja nicht einmal eine Eintragung ins Klassenbuch fasste ich aus! Er bewerte meine verklausulierte Rache einfach so, als wäre er der alleinige Verursacher. Und ohne jemals zu erfahren, was er mir getan hatte, übernahm er dafür die volle Verantwortung!

Diese edle Haltung beeindruckte mich derart, dass ich ab diesem Moment den größten Teil meiner Aufmerksamkeit darauf richtete, mein Englisch zu verbessern. Denn rund sechs Wochen nach meinem fiebrigen Racheversuch hatten wir die nächste Englisch-Schularbeit. Trotz neuerlicher Erkältung hatte ich erstmals ein recht gutes Gefühl dabei.

Drei Tage danach wurden die Noten verkündet, und zwar während eines besonderen Rituals, das die Englischkanonen heiß liebten und die weniger guten abgrundtief hassten. Wie bei einem Count Down rief Senka Zuerst all jene auf, die ein Nicht Genügend hatten – und ich war nicht dabei .... Dann wurden alle Schüler aufgerufen rauszukommen, die ein Genügend hatten – und ich war wieder nicht dabei!

Dann kamen die Befriedigend-Schüler dran – und ich war noch immer nicht dabei .... Dann kamen die Wenigen dran, die ein Gut auf ihre Schularbeit hatten – doch auch da war ich nicht darunter. Die Namen aller meiner Mitschüler waren nun aufgerufen worden, nur meiner nicht.

„Was ist da los?" dachte ich und hatte wieder das flaue Gefühl im Magen. Außerdem war mir schwindlig und meine Hände nass und kalt. „Was hat er vor? Wahrscheinlich hab ich doch wieder nur einen Fünfer geschrieben, und jetzt will mich Senka vor der ganzen Klasse zur Schnecke machen."

„Nooowak! Kommen Sie herauuus!" durchdrang plötzlich die hohe, singende Stimme meines Lehrers den Nebel meiner Gedanken und Emotionen. Und es klang so, als wäre sie fröhlich – oder war es nur die Schadenfreude darüber, dass er mich jetzt gleich vor allen niedermachen würde? Ich stand auf und kam irgendwie bei der Tafel an, ohne Schlagseite zu bekommen und zwischen den Bankreihen meines Spießrutenlaufs am Boden zu landen. Draußen angelangt erwartete ich demütig meine Hinrichtung.

„Was glauben Sie, was für eine Note Sie auf diese Schularbeit haben?" fragte Senka endlich.

„Tja" antwortete ich resignierend. „Ich hab gedacht, ich hätte diesmal ein Genügend."

„Nein! Sie haben Kein Genüüügend!" sang Senka vergnügt.

„Ein Befriedigend?!" rief ich begeistert.

„Nein! Sie haben auch kein Befriiiedigend!" sang er jetzt noch vergnügter und gut eine halbe Oktave höher.

„Ein Gut?!!" jauchzte ich.

„Nein! Sie haben auch kein Guuut!" Senka genoss seinen Auftritt und auch die lange Pause, bis er endlich mit lauter, sich überschlagenden Stimme in die Klasse jodelte:

„Sie haben ein Seeehr Gut!"

Damit war unser Konflikt mehr als bereinigt, und wir wurden die besten Freunde. Senka wurde mein Lieblingslehrer und ich einer seiner Lieblingsschüler.

Was mich stört, zu mir gehört

Senka hatte von „Ho'oponopono" wahrscheinlich noch nie gehört. Dennoch erkannte er intuitiv, dass meine versteckte Attacke auf ihn mit

31

ihm selbst zu tun haben müsse und übernahm spontan dafür die Verantwortung. Und damit machte er den Anfang zur Heilung unserer Beziehung.

Ho'oponopono ist eine uralte hawaiianisch-schamanische Heilungsmethode. Der Begriff bedeutet „etwas richtig stellen" beziehungsweise „etwas zurechtrücken". Ho'o bedeutet „etwas tun", pono bedeutet „ausgleichen" oder „Vollkommenheit". Ho'oponopono lässt sich daher auch mit „Weg zur Vollkommenheit" übersetzen. Dauerhaft praktiziert ist es bestens geeignet, den eigenen Schuldenberg abzubauen und damit sein Schuld- und Sühneprogramm zu deaktivieren. Es gibt dazu jede Menge wertvolle Literatur und auch Hinweise im Internet.

Nur über meine Leiche!

„Sie sind unser Mann! Auf Sie haben wir gewartet!" So überschwänglich begrüßte mich Oswald, als ich mich im Juli 1971 bei ITT Austria als betriebswirtschaftlicher Organisator bewarb. Oswald war ein junger, dynamischer Mann wie aus einem Modejournal und leitete die Hauptabteilung „Systeme und Verfahren, welche die gesamten betrieblichen Abläufe des Unternehmens entwickelte und betreute.

Die Abteilung Programmierung und das Rechenzentrum funktionierten schon, wenn auch mit Steinzeitmethoden und einem zentralen Computer von der Größe eines Autos. Die Organisationsabteilung, in der auch Abläufe entwickkelt und verbessert wurden, die ohne Computer funktionierten, war erst im Aufbau. Und dazu sollte und wollte ich beitragen.

Das Unternehmen in der Dresdner Straße 85 im 20. Wiener Gemeindebezirk produzierte Telefonanlagen bis zur Größe eines VW-Busses für die Post und private Firmen und beschäftigte rund 3.000 Arbeiter und Angestellte. Da die Organisationsabteilung noch keinen Chef hatte, bekam ich meine Aufträge von einem Kollegen namens W. der ein paar Monate vor mir aufgenommen wurde.

Als erstes gab mir W. eine Aufgabe, die ich mit Leichtigkeit binnen sechs Wochen erledigt hatte. Doch schon an der zweiten Aufgabe sollte ich mir die Zähne ausbeißen – das war jedenfalls der Plan meines Kollegen, der sich damit der künftigen Leitung der Organisationsabteilung sicher war.

Glücklicherweise wusste ich damals nichts von diesem Plan und ging frisch-fröhlich an die Arbeit. W. hatte mir zwei, mit Aktennotizen vollgestopfte Ordner übergeben, die bis zu 20 Jahre alt waren und sich mehrfach widersprachen. Die Dokumentation einer endlosen Streiterei der befassten Abteilungsleiter über einen extrem wichtigen Arbeitsablauf des Unternehmens: Die Behandlung von Geräte-Retouren.

ITT Austria verkaufte nämlich nicht nur Telefonanlagen, sondern vermietet sie auch. Bezahlte ein Kunde die Miete nicht mehr oder endete der Mietvertrag, gingen die großen Anlagen zurück an das Unternehmen. Dort sollten sie dann ordnungsgemäß übernommen und je nach Zustand instandgesetzt oder ausgeschlachtet werden.

Weil dieser Ablauf noch nie richtig funktioniert hatte, gingen dem Unternehmen Jahr für Jahr mehrere Millionen Schilling verloren. Die Ursachen dafür reichten von simplen Schlampereien über diverse Kommunikationsmängel bis hin zum Schwarzhandel mit gestohlenen Ersatzteilen. Das alles wusste ich zum Zeitpunkt des Beginns meiner Arbeit noch nicht – und das war gut so.

Ich sichtete also die rund 400 Aktennotizen, notierte mir alle Abteilungen, die in diesen Ablauf eingebunden waren und fand heraus, dass es genau 40 waren! Dann machte ich mir eine Liste der 40 Abteilungsleiter, suchte mir ihre Telefon-Nummern heraus, rief einen nach dem anderen an und vereinbarte einen Gesprächstermin.

Nachdem ich mit den meisten Abteilungsleitern gesprochen und mir immer wieder Notizen gemacht hatte, legte ich eine Nachtschicht ein, zeichnete den komplizierten Arbeitsablauf in Form eines Diagramms auf ein Blatt Papier und schrieb für jede der Abteilungen eine kurze, klare Arbeitsanweisung. Das ergab 42 Seiten, die jeweils nur zu einem Drittel oder zur Hälfte beschrieben waren, ließ sie 41 mal auf rosa Papier kopieren und mit der Hauspost den Abteilungsleitern zukommen – mit einer Einspruchsfrist von 14 Tagen.

In den ersten 10 Tagen der Frist bekam ich überhaupt kein Feedback. Dann trudelten ein paar magere Kommentare ein und mir wurde langsam etwas flau im Magen. „Die gestandenen Abteilungsleiter nehmen den Frischling aus der Organisationsabteilung nicht ernst.", dachte ich – und irrte mich gewaltig!

Denn drei Tage vor dem Ablauf der Frist rief mich Herr Pauli, der langjährige Leiter des Lagers an: „Hallo Herr Nowak!" begrüßte er mich freundlich und respektvoll. „Wir sitzen da gerade so beieinander und reden über Ihren Entwurf. Wir hätten da noch ein paar Fragen. Können Sie vielleicht runterkommen zu uns ins Lager?"

„Natürlich!", antwortete ich erfreut und machte mich auf den Weg. Unten im Lager angekommen hörte ich schon aus der Ferne eine Menge aufgeregter Stimmen. Und als ich die Tür zum Büro des Lagerleiters aufmachte, saßen da ein Dutzend aufgebrachte Männer, zusammengepfercht in einer dichten Wolke aus Zigarettenrauch, und starrten mich abweisend bis feindselig an – es war eine Falle!

„Kommen Sie herein und setzen Sie sich zu uns!", sagte Pauli honigsüß. „Fein, dass Sie sich gleich Zeit nehmen konnten!" Der Lagerleiter war um die 50 und ein richtiges Mannsbild mit athletischem Körperbau, groben Gesichtszügen und kurzen, rotbraunen, kleingelockten Haaren.

„Die Herren haben ein paar Fragen, die sie sicher beantworten können."

„Wie lang san Sie in da Firma?", rief einer. „Wie soll des funktionieren?", ein anderer. „Wieso glauben Sie, dass Sie alles besser wissen?", ein dritter, usw., usw., usw. – bis ich plötzlich eine Eingebung hatte: „Ich bin der einzige im Raum, der den Überblick hat und der den gesamten Arbeitsablauf erklären kann! Sonst keiner!" Und das verlieh meinem Selbstbewusstsein Flügel!

„Stopp!", schrie ich entschlossen in die Menge und spürte förmlich die Macht, die mir jetzt zufloss. Sofort wurde es mucksmäuschenstill. „Ich kann alles erklären.", sagte ich forsch. „Doch nur, wenn ihr mir eine Frage nach der anderen stellt. Also los!" Intuitiv hatte ich mich mit dem Rücken zur Wand gestellt und fühlte mich jetzt wie ein Löwenbändiger, der 100 Prozent Präsenz zeigen musste, um die Bestien in Schach zu halten. Brav wie in der Schule stellten die rauen Gesellen nun ihre wenigen wirklichen Fragen. Und ich beantwortete sie alle. Einer nach dem anderen verließ den Raum, bis nur mehr Pauli ein zweiter Abteilungsleiter und ich übrig waren.

„Na, was ist?", sagte ich angriffslustig zu den beiden, die offenbar die Rädelsführer des missglückten Aufstandes waren. „Keine Fragen mehr?"

„Keine Fragen mehr.", äffte mich P. frostig nach. „Doch das letzte Wort ist noch nicht gesprochen." Jetzt erst wurde mir klar, in was für ein Wespennest ich da hinein gestochen hatte. Die Burschen hatten offenbar viel zu verlieren. Machtbewusst, wie ich damals war, nahm ich die Drohung des Lagerleiters aber nicht weiter ernst und legte mein Meisterwerk drei Tage später der Geschäftsleitung zur Unterschrift vor. Und damit trat die neue Richtlinie über die Behandlung der Geräte-Retouren in Kraft.

Am Montag darauf nahm ich die 400 alten Aktennotizen aus den beiden Ordnern raus und fütterte damit den Papierwolf. „Abgeschlossen!", sagte ich stolz und erleichtert zu mir – und irrte mich abermals. Denn kaum hatte ich das alte Zeug geschreddert, wurde die Tür aufgerissen und ein kleiner, stämmiger, älterer Mann mit kurzem, grauen, gewellten Haar und weit offenen, hellgrauen Augen stürmte herein. In seiner rechten Hand schwenkte er hoch erhoben die neue Richtlinie.

„Hnetinka mein Name!", sagte er selbstbewusst. „Wieso weiß ich davon nichts?" und zeigte auf mein Werk. „Ich leite die Vorkalkulation", bellte er. „und das seit über 30 Jahren!" Hnetinka war eine Legende in der Firma. Es wurde erzählt, dass er schon bei der Gründung des Unternehmens eine wichtige Rolle spielte, mit dem Generaldirektor per Du war und als Einziger bei ihm aus- und einging, wie es ihm beliebte.

„Sie waren auf Urlaub.", antwortete ich kleinlaut. „Herr Taler (der Leiter der Nachkalkulation) hat mir gesagt, das ginge schon in Ordnung."

„Was der Taler sagt, interessiert mich nicht.", blieb Hnetinka hart. „Der hat keine Ahnung, was ich mache. Sie hätten warten müssen, bis ich wieder da bin!"

„Okay!", lenkte ich ein, denn noch einen mächtigen Feind wollte ich mir nicht antun. „Sie haben Recht. Ich hätte auf Sie warten müssen. Was halten Sie davon: Sie sagen mir, was ich ändern soll, und ich werden es tun – auch wenn ich mich damit vor der Geschäftsleitung blamiere."

„Gar nichts brauchen Sie zu ändern!", rief Hnetinka euphorisch und seine Miene erhellte sich blitzartig, als würde die Sonne aufgehen. „Das ist die beste Regelung, die wir jemals hatten. Sie haben das großartig gemacht. Ich gratuliere!"

Hnetinka war offenbar nur verärgert gewesen, weil ich ihn nicht in den Entscheidungsprozess eingebunden hatte. Nachdem ich meinen Fehler zugegeben hatte, legte sich sein Groll aber so schnell, als wären wir beste Freunde! Wie hoch der Wert dieser neuen Freundschaft war, erfuhr ich erst Monate später. Ich hatte mir gemeinsam mit meiner neuen Freundin den ersten Urlaub in der neuen Firma gegönnt, der mich alles vergessen ließ. Doch gleich am ersten Tag danach erzählte mir mein Chef die folgende Geschichte:

Der Lagerleiter und andere Profiteure der alten, weitgehend unkontrollierten Geräte-Retouren-Regelung hatten den Direktor der Logistik für sich gewonnen, eine Versammlung einzuberufen, bei der die neue Richtlinie doch noch zu Fall gebracht werden sollte. Weil ich auf Urlaub war, ging mein Chef zu dieser Versammlung, die sich nach wenigen Minuten genauso hitzig und destruktiv entwickelte wie die erste, viel kleinere Versammlung im Büro des Lagerleiters.

In weniger als 30 Minuten verlangte die Mehrheit der Anwesenden das Aus der neuen Richtlinie. Und der etwas unbedarfte Logistikchef versprach der Meute, sich dafür bei der Geschäftsleitung einzusetzen. Da erhob sich ein kleiner, stämmiger, älterer Mann mit kurzem, grauen, gewellten Haar und weit offenen, hellgrauen Augen von seinem Sessel und sagte:

„Ich hör euch jetzt die ganze Zeit zu und hab noch kein einziges Argument gehört, warum die neue Richtlinie schlechter sein soll als die alte,

wo sich kein Mensch mehr auskannte und es un-
unterbrochen Streitereien gab. Ihr kennt mich
alle, und ich sage euch jetzt in aller Deutlichkeit:
Diese Richtlinie ist das Beste, was wir jemals
hatten. Und wenn jemand von euch glaubt, sie
gleich wieder abschaffen zu können, dann nur
über meine Leiche!"

Einen Fehler direkt wiedergutmachen ist die
beste Lösung. Manchmal ist dies aber nicht
möglich. Dann reicht auch eine angemessene
Wiedergutmachung bei einem Verwandten oder
Freund des Geschädigten. Und wenn auch das
nicht mehr möglich ist, dann erfüllt jede gute
Tat, die dem entstandenen Schaden entspricht,
den Zweck. Denn unser höheres Bewusstsein
weiß, dass wir alle Eins sind.

Die Heilung von Brustkrebs in einer Nacht

Die folgende Geschichte spielt im Japan der Nachkriegszeit, also in einem völlig anderen Kulturkreis und in einer völlig anderen Zeit. Die Botschaft der Geschichte ist aber zu 100 Prozent auf unsere Zeit und Kultur übertragbar. Es geht dabei um eine krebskranke Frau, deren linke Brust bereits am nächsten Tag entfernt werden sollte:

Frau Fukushima* hatte große Angst vor der Operation, also wandte sie sich an eine Vortragende der Neugeist-Bewegung „Seicho-No-Ie". Diese fand mit wenigen Fragen die seelischen Ursachen für den Brustkrebs heraus. Es war eine starke Entfremdung zwischen ihr und ihrem Mann und auch zwischen ihr und ihren Eltern.
*) sie hieß tatsächlich so!

Die Vortragende machte sie darauf aufmerksam, dass es nicht leicht sei, sein innerstes Bewusstsein zu ändern. Die kranke Brust zu entfernen wäre bedeutend einfacher. Doch Frau Fukushima hatte so große Angst vor der Operation, dass sie sich entschloss, lieber alles zu tun, was ihr die Vortragende auch auftragen würde:

„Wenn Sie heute am Abend nach Hause kommen, müssen Sie um Verzeihung bitten. Sie müssen beide Hände auf den Fußboden legen, um Verzeihung bitten und die Stirn so weit neigen, dass diese den Boden berührt. Dann müssen Sie zu Ihrem Gatten sagen: „Liebling bitte verzeih mir, dass es so schwer war, mit mir auszukommen in der Vergangenheit." Und in der Zeit zwischen jetzt und Ihrer Heimkehr rufen Sie sich all die Gelegenheiten ins Gedächtnis zurück, bei denen Sie halsstarrig und selbstsüchtig gegen Ihren Mann waren. Versuchen Sie, zu verstehen, was Ihr Mann bei all diesen verschiedenen Gelegenheiten empfunden haben muss."

Dann bekam Frau Fukushima auch noch eine ähnliche Anweisung für die Versöhnung mit ihrem Vater und ihrer Mutter: „Lesen Sie die heilige Sutra die ganze Nacht hindurch. Ob Sie an die Wirkung glauben oder nicht, das ist unwichtig – tun Sie es genauso wie ich es sage."

Frau Fukushima ging nach Hause und befolgte genau die Anweisungen. Sie rieb ihre Stirn am Fußboden und sagte: „Liebling ich war für so vieles zu tadeln. Bitte verzeih mir." In diesem Augenblick kam ihr vor, als ob ein starker Wind bliese, ihren Körper herumdrehte und ihr irgendwas wegnahm. Sie weiß nicht mehr, was sie danach sagte. Sie schrie nur immer wieder: „Bitte verzeih mir!"

Danach begann sie die heilige Sutra zu lesen, bis die Uhr Eins schlug. Da sagte ihr Mann: „Bitte geh ins Bett. Wenn du heute Nacht nicht schläfst, bist du morgen für die Operation zu schwach." Sie entsprach diesem Wunsch, konnte aber nicht schlafen. Um drei Uhr stand sie wieder auf und las die heilige Sutra von neuem sechsmal, bis die Uhr Sechs schlug.

Als sie das Frühstück für die Familie bereiten wollte, begannen ihr die Tränen aus den Augen zu fließen. Und sie verspürte plötzlich aufrichtige Dankgefühle im Herzen gegen alles, selbst gegen das Holz, das sie in den Herd legte. Als ihre Mutter kam, sagte sie zu sich:

„Wie ist das doch schön von Mutter, ich bin doch auch eine Mutter und muss heute zwei Kinder daheim lassen, um ins Krankenhaus zu gehen. Mir wird ganz schwach, wenn ich denke, dass es vielleicht ein Abschied fürs Leben wird. Und meine Eltern haben mich doch mit derselben Liebe großgezogen, die ich nun für meine Kinder empfinde. Wie entsetzlich undankbar war ich doch in meinen Gedanken gegen die Eltern."

Tränen kamen ihr in die Augen, und als sie für jeden Teller Reis Dank empfand, ja selbst für die Holzstäbchen, die sie beim Essen benutzte. Dann kam für sie der Augenblick, wo sie das Haus verlassen musste. Und wieder überkamen sie die Gefühle der Dankbarkeit – sogar für die Handschuhe und den Regenschirm. Sie war dankerfüllt für alles und jeden im Universum.

Im Krankenhaus waren alle Vorbereitungen für die Operation getroffen. Die Chirurgen waren jedoch erstaunt, als sie die betroffene Stelle erst suchen mussten. Schließlich stellten sie fest, dass nichts mehr da war, was weggeschnitten werden müsste, und schickten die Patientin wieder nach Hause.

Frau Fukushima hatte ihren schweren Konflikt mit ihrem Mann und ihren Eltern offenbar in einer Nacht gelöst. Indem sie zu einem neuen Bewusstsein erwacht war, zu einem Bewusstsein des Dankerfüllt Seins gegenüber jedem und allem!

Mit freundlicher Genehmigung des Lorber-Verlag und Turm-Verlag, entnommen dem Werk von Dr. Masaharu Taniguchi: „Die geistige Heilkraft in uns".

Von da an ging es ständig bergauf

Um Verzeihung bitten und aufrichtige Dankbarkeit sind wahre Wundermittel, die unseren Schuldenberg so rasch dahin schmelzen lassen, dass jegliche Sühne überflüssig wird. Doch auch das Verzeihen selbst kann wahre Wunder vollbringen, und davon handelt unsere nächste Geschichte.

Es begann damit, dass mich im Juli 2003 während eines Trainings für mein „Herzteam" eine junge, hellblonde Frau mit leichtem Akzent ansprach, die wir hier Andrea nennen. Sie war damals 21, stammte aus Polen, verdiente ihren Lebensunterhalt als Aushilfskellnerin und hatte für Österreich nur eine befristete Aufenthaltsgenehmigung.

Andrea hat große, graublaue, offene Augen, eine lange gerade Nase und einen vergleichsweise kleinen Mund. Ihre gertenschlanke Figur erinnert sofort an den durchtrainierten Körper der Häuptlingstochter Neytiri aus dem Kultfilm AVATAR, nur dass er nicht blau ist und auch keine dreieinhalb Meter hoch.

Ihre Mutter, die in sehr tristen Verhältnissen lebte, gab das Frühchen Andrea gleich nach der Geburt zur Adoption frei und kümmerte sich dann nicht mehr um sie. Erst viel später wollte sie ihr Kind wiederhaben und führte deswegen sogar einen Prozess gegen Andreas Ziehmutter. Das alles bewirkte, dass Andrea für sie nichts als Hass empfand.

Dank der ärmlichen, aber liebevollen Kinderstube bei ihrer Ziehmutter entwickelte Andrea rasch ein hohes Kommunikationsniveau, machte in Polen ihre Matura mit Auszeichnung und verdingte sich anschließend als Au-pair-Mädchen bei einer Schweizer Familie mit zwei kleinen Kindern, die gerade berufsbedingt in Deutschland lebte.

Dort lernte sie fast akzentfrei Deutsch sprechen und erwarb einen überdurchschnittlich großen Wortschatz. Danach verschlug es Andrea nach Salzburg in Österreich, wo sie eine Zeit lang einen MS-krankten Mann pflegte, den Vater einer der Powerfrauen meines Herzteams, die sie eines Tages zu meinem Netzwerkertraining begleitete.

Ich erkannte bald, dass Andrea begeisterungsfähig, lernwillig und fleißig war. Also entschloss ich mich, sie in mein Team aufzunehmen und ihr alles zu zeigen, was ich konnte. Während eines Trainings freundete sich Andrea mit meiner Tochter an, und da wir genug Platz in unserer

Wohnung in Mödling hatten, zog sie im Februar 2004 bei uns in Mödling ein.

Danach war ich einige Zeit lang Andreas Mentor. Bald fiel mir auf, dass das meiste, was sie anpackte, zunächst sehr erfolgreich verlief, aber letztendlich immer wieder mit einem Verlust endete. Und zwar egal, ob es um Geld, um ihr geliebtes Hobby, das Tanzen oder um Beziehungen ging. Mehrmals saß sie schluchzend neben mir und ich nahm sie wie eine Tochter tröstend in den Arm.

Und dann kam der Tag, an dem sich alles veränderte: Es war im Herbst 2005, als mein Freund Michael und ich ein Wochenend-Training in den Seminarräumen des Wiener Wirtschaftsmuseums veranstalteten, an dem auch Andrea teilnahm. Während des Abschnittes „Verzeih dir und mir" ließ Michael die Teilnehmer in einer Art Halbtrance eine Treppe immer tiefer hintersteigen, um dort vielleicht etwas zu finden, was noch nicht verziehen wurde.

Andrea folgte den sanften Anweisungen Michaels und sah auf einmal im Dunkeln ein kleines Haus mit hellen Fenstern auftauchen. Durch eines der Fenster konnte sie in ein Zimmer sehen – und dann ihre leibliche Mutter in ihren tristen Lebensumständen. Und zum ersten Mal in ihrem Leben empfand sie keinen Hass mehr auf sie, sondern Mitgefühl!

Von da an ging es in Andreas Leben ständig bergauf: Sie heiratete, bekam eine gut bezahlten Job in einem großen Sportgeschäft und richtete sich mit ihrem jungen, handwerklich geschickten Mann eine wunderschöne Wohnung in Wien 14 ein. Aus der anfänglichen Zweckehe (dauerhaftes Aufenthaltsrecht!) wurde allmählich eine echte Liebesbeziehung und aus der Wohnung ein eigenes Haus mit Garten in einer kleinen Wienerwaldgemeinde!

Die Lektion: Egal, was unsere Eltern auch getan oder unterlassen haben, in jedem Fall haben sie uns das Leben geschenkt! Und allein dafür verdienen sie unsere aufrichtige Dankbarkeit und bedingungsloses Verzeihen! Und das nicht nur aus ethischen Gründen, sondern – wie die beiden Geschichten uns lehren – aus purem Egoismus!

Ausred' verloss' mi nit!

Es war kurz vor der Osterwoche des Jahres 1967. Ich war gerade 24 Jahre jung und nach einem langen, kalten, dunklen Winter der nicht enden wollenden Negativität meiner damaligen Freunde überdrüssig. Also fragte ich meine Kollegin Elfriede im Postverkehrsbüro Wien, wie ich meinen destruktiven Freunden und dem schmutzigen Grau der Großstadt am besten entkommen könnte.

„Fahr doch in die Ramsau!" riet sie mir spontan. „Da gibt es jetzt viel Schnee, viel Sonne und auch jede Menge sonniger Menschen!" Diese wunderbare Szene gefiel mir sofort. Also packte ich meine sieben Sachen, einschließlich meiner neuen Schier und fuhr ganz allein mit Bahn und Bus erwartungsfreudig in die Ramsau am Dachstein in der Steiermark.

Im Zug angekommen setzte ich mich „zufällig" neben zwei andere junge Männer, die ebenfalls in die Ramsau fuhren und mit denen ich dann während der ganzen Osterwoche immer wieder zusammenkam. Im Gegensatz zu mir hatten die beiden Burschen bereits ein Zimmer gebucht. Also fuhr ich mit ihnen im Bus über eine serpentinenreiche Bergstraße durch meterhohe Schneewände hinauf zu ihrem Hotel und fragte dort, ob noch eine Zimmer frei wäre. Es war noch eins frei, und ich checkte ein. Das „Berghotel Dachstein" liegt auf ca. 1.700 Meter Seehöhe direkt vor den imposanten Südwänden des riesigen Dachsteinmassivs, das sich gleich am ersten Abend orangerot verfärbte!

Ich war so hin- und hergerissen von der faszinierenden Kulisse der mich umgebenden Bergwelt und dem sonnigen Wesen der Einheimischen, dass ich mich gleich am ersten Abend zu einem Schikurs anmeldete. Ich war zwar schon einmal kurze Zeit auf Skiern gestanden, und zwar beim Bundesheer. Aber richtig fahren konnte ich noch nicht. Also war der Anfängerkurs für mich genau richtig.

Am nächsten Morgen gleich nach dem Frühstück packte ich meine Schier und stapfte durch den tiefen Schnee weiter hinauf zum Sammelplatz der Schischüler. Dort standen ausschließlich kleine Buben und Mädchen im Volksschulalter! Einige davon hatte ich schon im Hotel kennengelernt und von ihnen sofort einen Namen bekommen. Als ich mich der Kinderschar näherte, riefen sie daher schon von der Ferne lachend „der Herr Karl! der Herr Karl!"

Der Himmel war dunkelblau und wolkenlos. Der zum Teil noch jungfräuliche Schnee glitzerte im Sonnenlicht, und die Kinder waren in ihrem Element. Das alles ließ mich eine Zeit lang vergessen, dass ich der einzige Erwachsene im Kurs war und die anderen Teilnehmer mir nur bis zur Hüfte reichten. Doch als es dann ans Tun ging, stellten sich die Kleinen deutlich besser an als ich. Wenn der Schilehrer etwas anschaffte, dann machten sie es einfach, während ich erst überlegte, wie ich es mache. Dazu gab ich immer wieder Kommentare ab, was dem jungen, einheimischen Schilehrer schließlich zu bunt wurde.

„Wos is los?" fragte er mich schließlich. „Warum mochst du nit anfoch, wos i sog?" und lehnte sich herausfordernd grinsend auf seine seitwärts im Schnee steckenden Schistöcke. Nachdem mich auch schon alle Kinder erwartungsvoll anschauten und lachten, stammelte ich irgend so etwas wie „Die Kinder machen's halt spontan, und ich muss immer erst nachdenken, wie ich's mach."

Daraufhin lehnte sich der etwa gleichaltrige, aber um einiges größere Schilehrer noch weiter zurück auf seine Schistöcke und erwiderte mit einem breiten Lächeln in seinem sonnengebräunten Gesicht im unverkennbaren Ramsauer Dialekt: „Jo, jo! Ausred' verloss' mi nit!"

„So eine Frechheit!" dachte ich. „Er nimmt mein Geld und macht mich vor den Kindern lächerlich!" Doch das helle Lachen der Kinder, der blitzblaue Himmel, die warmen Sonnenstrahlen auf der Haut und der alles einhüllende glitzernde Schnee brachten mich sofort wieder zurück ins wunderbare Hier und Jetzt und schenkte mir eine tiefe Erkenntnis: >Er hat recht!< Ausreden bringen mich nicht weiter, sondern nur das Üben, Üben und nochmals Üben. Und diese Erkenntnis veränderte mein ganzes Leben!

Mit Entschuldigungen
kocht man keine Suppe!

Viele Jahre später gönnte ich mir eines schönen Abends den genialen Animationsfilm „Kung Fu Panda". Gleich am Anfang des köstlichen Films träumt der Titelheld Po, ein junger, wohlgenährter Panda, von einer bombastischen Kung-Fu-Karriere, auf deren Höhepunkt sich sogar die legendären „Furiosen Fünf", die berühmtesten Kung-Fu-Kämpfer seiner Zeit, vor ihm verneigten. Mitten in diesem beglückenden Erlebnis wird er unsanft aus seinem Traum gerissen, und zwar von seinem energischen Ziehvater, einem mental überaus starken Gänserich, und brutal in die banale Realität seines stinknormalen Alltags als Kellner zurückgeholt.

„Po! Du kommst zu spät zur Arbeit!" schreit der Gänserich ins obere Stockwerk hinauf, worauf Po kopfüber die Treppe herunter rumpelt – direkt hinein in die kleine Suppenküche seines Ziehvaters. Als er ein paar entschuldigende Worte stammelt, erwidert der Gänserich liebevoll, aber streng: „Mit Entschuldigungen kocht man keine Suppe!"

„Was hat das alles mit dem Thema „Schuld und Sühne" zu tun?" wirst du jetzt vielleicht fragen. Na alles! Jede Ausrede, manchmal auch als Entschuldigung getarnt, ist eine kleine Lüge. Und jede Lüge lässt den Schuldenberg in uns wachsen!

Ausreden beginnen oft mit „Ja, aber ...", woraus sich das Wort „Aberglaube" entwickelt hat. Die folgenden drei Wege führen aus dieser Sackgasse heraus:

Den Fehler oder Irrtum zugeben.

Es einfach tun und dazu lernen.

Sein Bestes geben.

Das Zugeben wurde im Kapitel „Nur über meine Leiche" ausführlich beschrieben. Den zweiten Weg, es einfach tun und daraus lernen, veranschaulicht die nächste Geschichte. Den dritten Weg wird uns die österreichische Schwimmeisterin Mirna Jukic weisen.

Napoleon und sein Hofnarr

Als meine Teilnahme als unabhängiger Kandidat bei den Bundespräsidentschaftswahlen 1998 fix war (ich wollte damit den bereits paktierten NATO-Beitritt Österreichs verhindern), machte ich mit meinem Freund Peter eine Wahlwerbetour durch die Bundesländer. Peter hatte drei Aufgaben: Erstens fuhr er mich in unserem geleasten türkisen Toyota wohlbehalten von Ort zu Ort. Zweitens war er mein Bodyguard und drittens eine Art Hofnarr, der mich davor bewahren sollte, irgendwann abzuheben.

„In Linz beginnt' s!" lautet ein Sprichwort, und genau so war es: Ich gab ein Interview nach dem anderen, fürs Fernsehen, im Radio und für jede Menge Zeitungen. Für kurze Zeit war ich der Superstar und fühlte mich auch so. Also teilte ich meinen Überschwang mit meinem Freud und rief begeistert: „Na, was sagst du, Peter? Das läuft doch alles super!"

Peter schaute mich mit ernster Miene an und erwiderte trocken: „Mir geht's aber gar nicht super, denn ich fahr jetzt heim." Geschockt fragte ich ihn, was denn los wäre, worauf er mir noch immer völlig ernst folgendes antwortete: „Du führst dich schon die ganze Zeit auf wie der Napoleon. Für mich bist du aber immer noch der Kary!"

„Oh!" erwiderte ich betroffen und fragte ihn dann nach den Details meines angeblichen Fehlverhaltens, die Peter mir sofort und sehr konkret aufzählte. Danach war ich noch mehr betroffen aber gleichzeitig auch froh, dass ich einen so guten und ehrlichen Freud hatte, der seine Aufgabe als Hofnarr so perfekt erfüllte. Ich bedankte mich daher und bat ihn um Verzeihung. Und während des ganzen nun folgenden Monats mit unzähligen Medienkontakten blieb ich immer auf dem Teppich. Ich hatte gelernt!

Ausreden sind für die meisten Menschen eine alltägliche Angelegenheit, weil sich nur die wenigsten bewusst sind, wie sehr sie sich damit schaden. Für Leistungssportler hingegen sind Ausreden absolut tabu. Als die junge österreichische Meisterschwimmerin Mirna Jukic nach einem eher missglückten Wettbewerb von einem Sportreporter gefragt wurde, wie sie sich jetzt fühle, sagte sie nur: „Ich bin immer zufrieden, denn ich weiß, ich gebe mein Bestes!"

Immer sein Bestes zu geben, ist eine der erfolgreichsten Gewohnheiten überhaupt. Denn erstens fühlen wir uns dabei richtig gut. Zweitens erreichen wir damit auch viel mehr. Und drittens verbessern wir damit jedes Mal unsere Lebensbilanz.

Die wundersame Geldvermehrung

Im Sommer 1997 erfuhr einer meiner Freunde von einem geheimen Pakt der damaligen Regierungsparteien, die Neutralität Österreichs abzuschaffen und dafür der NATO beizutreten. Vizekanzler Wolfgang Schüssel verglich die Neutralität bei jeder Gelegenheit mit den Mozartkugeln und Lipizzanern und Bundespräsident Thomas Klestil trat öffentlich für den NATO-Beitritt Österreichs ein.

Meine Freunde und ich wollten das nicht so einfach hinnehmen. Doch was kann eine kleine Gruppe schon tun gegen die Übermacht der Rüstungsindustrie und ihrer Handlanger. Na alles! Denn so lange die Welt steht, hat jede Veränderung immer zuerst in einer kleinen Gruppe begonnen.

Und so war es auch dieses Mal. Denn einer von uns hatte die grandiose Idee, dass wir bei den Bundespräsidentschaftswahlen 1998 einen eigenen, unabhängigen Kandidaten aufstellen könnten und den Wahlkampf dann als „Bühne" für unsere Friedensbotschaft nutzen würden.

Also machten wir einen „Schlachtplan" und verteilten die Aufgaben. Die beste Eignung als

Kandidat hatte ein ehemaliger Kammerbeamter, denn er beherrschte mehre Fremdsprachen und hatte ein ausgesprochen seriöses Auftreten. Die meiste Erfahrung im Spendensammeln hatte unser Kommerzialrat Heinz B. Schmutzer. Das hatte er schon bei unserem Neutralitätsvolksbegehren bewiesen. Und ich sollte meine Erfahrung als Organisator und Medienarbeiter einbringen.

Doch als wir dann Mitte November 1997 die Medien zu unserer ersten Pressekonferenz im Presseclub Concordia in Wien eingeladen hatten, bekam unser Kandidat (oder seine Frau?) kalte Füße und flehte uns an, ihn von seiner Verpflichtung zur Kandidatur zu entbinden.

Also musste rasch jemand einspringen, der ebenfalls geeignet war, aber auch den Mut hatte, sich von den Medien „anpatzen" zu lassen. Nachdem sich niemand anderer fand, der Kandidat sein konnte, es wollte und auch das Okay seiner Frau dafür bekam, fiel die Wahl schließlich auf mich. Damit hatte ich nun drei Jobs: Wahlkampfleiter, Medienmanager und Kandidat!

Mit den Geschichten, die ich in den darauf folgenden Monaten erlebte, kann ich ein ganzes Buch füllen. Entscheidend für unser Thema sind aber nur drei Dinge, die sich nach der Bundes-präsidentenwahl ergaben:

Der NATO-Beitritt Österreichs war vom Tisch!

Ich war als Alleinverdiener und Familienvater von drei schulpflichtigen Kindern völlig pleite

und hatte auch keine Ahnung, woher demnächst wieder Geld herkommen könnte.

Okay, völlig pleite war ich noch nicht. Denn ich hatte immerhin noch 200 Schilling in bar. Das entspricht einer Kaufkraft von 40 Euro im Jahr 2018. Ein dazu passendes Sprichwort lautet „Geld verloren – wenig verloren, Gesundheit verloren – viel verloren, Mut verloren – alles verloren." So gesehen war ich also noch relativ reich. Denn meine Gesundheit war bestens und mein Mut ungebrochen.

Damit ausgestattet fuhr ich mit der Schnellbahn zu einem schon früher ausgemachten Treffen mit unseren Wiener Wahlhelfern in unserem Vereinslokal in der Weißgerberlände 1 im dritten Wiener Gemeindebezirk. Auf dem Weg dorthin stieg ich bei der Station Wien Mitte aus und ging durch den Haupteingang der Bahnhofshalle auf die Landstraßer Hauptstraße hinaus.

„Herr Nooowak!" hörte ich da auf einmal von links eine raue Stimme schreien. „Ich hab Sie gewählt! Kommen's her zu uns!" Die raue Stimme gehörte einem dürren, schmuddeligen Obdachlosen, der sich mit anderen seinesgleichen um einen Würstelstand scharte. „Oh!" dachte ich. „Jetzt ziehe ich schon die Obdachlosen an! Was bedeutet das?" Doch gleich wieder war ich in meiner Mitte, ging hin zu der Gruppe, und wir plauderten ein wenig.

„Hearst Oida" redete mich schließlich der Rufer an. „I hob heut no nix g'gessen. Host net an Fufzger für mi?"

„Okay" dachte ich „ich habe heute schon zweimal etwas gegessen". Also gab ich ihm die verlangten 50 Schilling, und er kaufte sich damit eine heiße Burenwurst mit Senf und ein Bier. Danach verabschiedete ich mich rasch und fuhr mit dem O-Wagen zu unserem Treffpunkt. In unserem Lokal angekommen wurde ich von gut einem Dutzend meiner Wiener Freunde und Freundinnen herzlich begrüßt und willkommen geheißen. Ich erzählte ihnen von meinen letzten Erlebnissen bis zum Wahltag und schilderte ihnen dann auch meine prekäre finanzielle Situation.

„Na brauchen's a Geld, Herr Nowak?" fragte mich daraufhin jener frühere Kammerbeamte, der ursprünglich kandidieren hätte solle.

„Ja, natürlich!" antwortete ich. „Aber ich will mir nix mehr ausborgen." Das hatte ich in letzter Zeit schon mehrmals getan.

„Nix ausborgen!" erwiderte der Ex-Kandidat, zog eine dicke, dunkelbraune Brieftasche aus seinem Sakko, öffnete sie und legte einen Tausender auf den Tisch. Daraufhin waren die anderen auch nicht fad und legten alles an blauen, braunen und grünen Scheinen auf den Tisch, was sie dabei hatten – in Summe 5.000 Schilling!

Ich war so gerührt, dass mir fast schon die Tränen kamen und genoss den Abend mit meinen treuen Wahlhelfern dann als etwas ganz besonderes. Später in der Schnellbahn so gegen 22 Uhr dachte ich dann über alles nach, und schon bald kam mir eine wirklich zündende Idee:

„Das waren ja nur die Wiener, die mich und meine Familie gerade so reich beschenkt hatten. Was ist, wenn ich meinen Freunden in den Bundesländern einfach einen Brief schreibe und ihnen die Situation genauso schildere?" Diese Idee stimmte mich so zuversichtlich, dass ich gleich nach dem Ankommen zuhause zu Bett ging und so fest einschlief, dass ich erst um sechs Uhr des nächsten Tages erwachte.

Gleich nach dem Duschen und Frühstücken setzte ich mich hin und schrieb über hundert Briefe mit dem gleichen Text. Kurz vor sechs brachte ich dann die Briefe zu unserem Postamt Ecke Schillerstaße / Badstraße in Mödling und war voller Erwartung, die nicht enttäuscht werden sollte. Denn was da in den nächsten zwei Wochen nach und nach herein trudelte, ergab in Summe etwa 50.000 Schilling!

Wieso haben meine Freunde und Wahlhelfer so viel gespendet? Was war ihre Motivation? Was ist da gelaufen? Nun, Ursache Nr. 1 war sicher das Gesetz des Rhythmus, dem auch Tag und Nacht, Ebbe und Flut, sowie Sommer und Winter folgen. Denn ich und meine Frau Edeltraud hatten sechs Monate lang alles gegeben, was wir geben konnten, und das mit Erfolg.

Als ich dann noch ohne jegliche Berechnung ein Viertel meines Vermögens einem Obdachlosen schenkte, musste das Pendel zwangsläufig in die andere Richtung schwingen. Denn die kosmischen Gesetze und deren Vollziehung sind zum Unterschied von den menschlichen Gesetzen und deren Handhabung immer gerecht.

Ursache Nr. 2 war wohl der Wunsch fast jedes Menschen, immer wieder das Gleichgewicht zwischen Geben und Nehmen herzustellen. Denn jedes Mal, wenn jemand etwas gibt oder mit anderen teilt, verbessert sich seine Lebensbilanz. Und damit reduzieren sich automatisch die angehäuften Schuldgefühle! Das ist vielleicht sogar die Hauptursache, warum Menschen überhaupt spenden.

Der Segen des Zehnten

Die bekannteste Form des regelmäßigen Gebens ist der „Zehnte", dessen Segen weiter zurückreicht als wir denken können. Praktisch besteht der Zehnte darin, dass wir das, was der Bauer alljährlich automatisch tut, ständig tun – und das bewusst: Er nimmt einen Teil seiner Ernte und gibt ihn wieder her, indem er ihn der Erde anvertraut und weiß, dass ihm die Natur das Hundertfache zurück geben wird.

Im Lexikon „Die Religion in Geschichte und Gegenwart" heißt es über die Stellung des Zehnten u.a., dass „schon Phönizier und Karthager den Zehnten kannten, der als kultischer Brauch überall in der Welt vorkommt, so bei den Griechen und Römern, bei den Babyloniern und Iranern. Aufs Ganze gesehen lässt sich die weltweite Verbreitung des Zehnten nur verstehen durch die Annahme, dass diese Sitte vielerorts und zu verschiedenen Zeiten selbständig aufgekommen ist."

Von Abraham an, der durch die ständige Hergabe des Zehnten seinen Reichtum begründete, rät die Bibel zum Zehnten als dem Auslöser der Fülle des Lebens. Und bis heute bekannten und bekennen viele der Reichsten und Erfolgreichsten, dass sie ihren Aufstieg und Wohlstand dem Zehnten verdanken. Dafür hier nur eine Stimme aus vielen, und zwar von einem Mann, von dem Rühmliches und Unrühmliches bekannt ist, dem Millionär John D. Rockefeller. Zu dem Rühmlichen gehört sein Bekenntnis:

„Als ich meinen ersten selbst verdienten Wochenlohn – anderthalb Dollar – meiner Mutter heimbrachte, sagte sie, dass sie sich freuen würde, wenn ich den zehnten Teil davon und auch von meinen weiteren Einnahmen einem gottdienlichen Zweck spenden würde. Ich tat es und gab von da an bis heute von jedem Dollar, den ich verdiente, den Zehnten.

Wenn mir das nicht zur Gewohnheit geworden wäre, hätte ich wohl von der ersten Million und weithin nicht so selbstverständlich den Zehnten gegeben. So aber bin ich dieser Regel mein Leben lang treu geblieben – und ich sehe in dieser Gepflogenheit die eigentliche Ursache des unaufhörlichen Wachstums meines Reichtums." (Quelle: Die Goldene Regel – das Gesetz der Fülle, Drei-Eichen-Verlag)

Auch die heute lebenden Reichen und Superreichen sind im Allgemeinen sehr spendenfreudig. Denn würden sie das nicht sein, würde ihr Schuld- und Sühneprogramm wahrscheinlich viel öfter und härter zuschlagen. Allein bei der Aktion von „Licht ins Dunkel" 2017 konnten in Österreich 7,9 Millionen Euro gesammelt werden. Eine besonders hohe Spende kam von Heidi Goëss-Horten, die „Licht ins Dunkel" seit Jahren großzügig unterstützt und heuer 500.000 Euro spendete. Heidi Horten: „Ich finde, wohlhabende Leute sollten auch auf andere Rücksicht nehmen und an ihrem Wohlstand teilhaben lassen."

Die 3 Siebe des Sokrates

„Ich bin immer zufrieden, denn ich weiß, ich gebe mein Bestes!" ist eine der Lebensweisheiten von Mirna Jukic.

Aber tun wir das nicht alle? Jeder Mensch gibt doch – gemessen an seinem momentanen Bewusstseinszustand – immer sein Bestes! Und wer immer sein Bestes gibt, der kann doch niemals „schuldig" sein – oder?

Schuld ist eine Illusion, eine Vorstellung, eine Einstellung, ein Glaube – nicht mehr und nicht weniger. In Wirklichkeit gibt es gar keine Schuld. Es gibt nur Ursache, Wirkung und Verantwortung. Und das ist etwas völlig anderes!

So lange uns diese große Weisheit aber nicht in Fleisch und Blut übergegangen ist, werden wir uns ganz automatisch immer wieder (bewusst oder unbewusst) schuldig fühlen. Deshalb brauchen wir eine Übergangsstrategie, die uns davor bewahrt, dass unser (eingebildeter) „Schuldenberg" zu hoch wird und dann vielleicht einmal kippt.

Die meisten Kapitel und Geschichten dieses Buches beschreiben genau diese Strategie. Einen besonders wertvollen Beitrag dazu lieferte uns der große griechische Philosoph Sokrates:

Zu Sokrates kam einst ein Mann gelaufen und sagte aufgeregt: „Höre, Sokrates, das muss ich dir erzählen!"

„Halte ein!" unterbracht ihn der Weise, „Hast du das, was du mir sagen willst, durch die 3 Siebe gesiebt?"

„Durch welche drei Siebe?", fragte der Mann entgeistert.

Sokrates: „Ist es denn wahr, was du mir erzählen willst? Hast du es selbst überprüft?"

„Nein, ich hörte es jemanden erzählen, doch ..."

Sokrates: „Warte! Ist es etwas Gutes?"

„Nein, im Gegenteil, aber das ist es ja gerade ..."

Sokrates: „Ist es notwendig, dass du es mir erzählst?"

„Notwendig ist es nicht, aber ..."

„Also" lächelte der Weise, „wenn es weder wahr, noch gut noch notwendig ist, dann lass es einfach bei dir."

Ist es dir auch schon einmal passiert, dass du in Abwesenheit von jemandem über ihn abwertend geredet oder dabei zugehört hast? Wenn nicht, dann bist du ein Heiliger bzw. eine Heilige. Wenn doch, dann hast du dabei vielleicht auch ein flaues Gefühl verspürt. Denn Kritik in Abwesenheit des Betroffenen erzeugt bei den meisten Menschen ein dumpfes Schuldgefühl und zwar nicht nur beim Erzähler, sondern auch bei den schweigenden oder gar zustimmenden Zuhörern.

Das erhöht aber nicht nur den Schuldenberg, sondern errichtet auch noch eine Kommunikationsmauer zwischen Täter und Opfer. Noch schneller wächst dieser Berg, wenn wir jemanden hassen oder gar verdammen – so etwas kann zu einem richtigen Bumerang werden!

Konstruktive Kritik ist eine hohe Kunst, die von kaum jemandem beherrscht wird. Deshalb wird Kritik meist als Abwertung wahrgenommen. Die Reaktion des Kritisierten darauf kann beim Kritiker ein Schuldgefühl erzeugen.

Jesus äußert sich in der Bibel mehrfach über das Urteilen. Und als es eines Tages darum geht, eine Ehebrecherin zu steinigen, sagt er zu den selbstgerechten Kritikern: „Wer unter euch ohne Fehl ist, der werfe den ersten Stein!"

Die drei Siebe des Sokrates gehören zu den besten Werkzeugen, um ein Leben lang möglichst unschuldig zu bleiben. Denn „wer richtet, der wird gerichtet werden." (Jesus). Nicht von Jesus, aber ebenso genial ist wohl die Weisheit „Wer aufhört zu urteilen, hat den Schlüssel zum Paradies."

***

Ich gehöre zu den wenigen glücklichen Menschen, die als Kind kaum bestraft wurden. An eine Strafe durch meine Eltern oder durch meine liebevolle Oma kann ich mich überhaupt nicht erinnern. Auch im Kindergarten dürfte ich wohl nur selten bestraft worden sein. Die ersten nennenswerten Strafen bekam ich vermutlich erst in der Volksschule, und da solidarisierte sich meine Mutter immer gleich mit mir und niemals mit einem Lehrer oder einer Lehrerin.

Unter anderem deshalb war ich schon mit sieben Jahren so selbstbestimmt, dass ich Strafen nicht akzeptierte, wenn sie aus meiner Sicht unangemessen oder gar ungerecht waren. So wollte mich z.B. einmal eine völlig fremde Frau gleich zur Polizei schleppen, nur weil ich durch das Gras eines Parks gelaufen war. Ihr eiserner Griff um mein schmales Handgelenk löste in mir die blitzschnelle Reaktion aus, ihr mit voller Wucht gegen das Schienbein zu treten. Und die Sache war erledigt. Ich verspürte danach nicht den Hauch eines Schuldgefühls, sondern nur Genugtuung.

Ein richtig schlechtes Gewissen hatte ich in meinem ganzen Leben nur ein einziges Mal, und das war im Winter 1964/65. Denn da überredete mich ein junger Salzburger, den ich beim Bundesheer kennen gelernt hatte, mit ihm in ein altes, verlassenes Bauernhaus einzusteigen und von dort einen alten, bemalten Bauernkasten mitzunehmen.

Er meinte, dass der Besitzer den Wert des Kastens ohnehin nicht schätzen könne, er aber schon. Mein Gewissen konnte er damit nicht beruhigen. Das Abenteuer reizte mich aber derart, dass ich ihm dabei half, den Kasten zwei Stunden lang durch den kniehohen Schnee bis zu seinem Auto zu schleppen. Dort angekommen war ich schweißgebadet und kurz vor dem Zusammenbruch. Ich gab mir die „Sühne" also gleich selber. Mit dem Beschluss, etwas Ähnliches nie wieder zu tun, war die Sache für mich aber erledigt.

Friedensreich Hundertwasser und sein Wunsch

Im Februar 1998, mitten in meinem „Feldzug" als unabhängiger Bundespräsidentschaftskandidat gegen die NATO-Befürworter, rief mich der Ausnahmekünstler Friedensreich Hundertwasser an: „Ich bewundere das sehr, was Sie da machen!" sagte er gleich am Telefon und bot mir seine Unterstützung bei der Medienarbeit an. Diese Unterstützung brauchte ich vor allem für ein Interview im damals nach der „Kronen Zeitung" zweitauflagenstärksten „Täglich Alles".

Eigentümer und Herausgeber der Zeitung „Täglich Alles" war der Medienmilliardär Kurt Falk, der mir schon einmal sehr geholfen hatte, und zwar bei der österreichweiten Wassertestaktion „Nitrat im Trinkwasser" der Umweltorganisation „Bruder Baum". Als unabhängigen Kandidaten bei den Bundespräsidentschaftswahlen 1998 wollte er mich aber nicht unterstützen, weil ich keine reale Chance hatte, tatsächlich Bundespräsident zu werden.

Friedensreich Hundertwasser ließ das nicht gelten, sondern rief den exzentrischen Zeitungsmacher einfach an und redete so lange auf ihn ein, bis Falk schließlich zustimmte und uns per Fax seine Fragen für das Interview zusandte. Ich beantwortete alle Fragen rasch und gewissenhaft und faxte alles wieder retour. Als das geschehen war, warteten wir gemeinsam im Büro des Künstlers auf sein Feedback.

Nach etwa 30 Minuten rief Falk zornig an und sagte, dass ich einige seiner Fragen völlig falsch beantwortet hätte und er das Interview so nicht bringen werde. Er behandelte mich dabei wie einen kleinen Schulbuben, der kein Recht auf eine eigene Meinung hat. Hundertwasser, der alles mithörte, war so empört, dass er mir den Hörer aus der Hand nehmen wollte, um Falk seine Meinung zu sagen.

Ich war ebenso überrascht wie der Künstler, ließ es mir aber nicht anmerken, sondern fragte Falk ruhig und fast demütig, wie er es denn bringen würde. Kurt Falk diktierte mir daraufhin die Antworten, die er sich von mir wünschte, und ich stimmte zu. Denn es war viel weniger wichtig, was in der Zeitung steht, als dass überhaupt etwas drinnen steht!

Friedensreich Hundertwasser war von meiner sanften und besonnenen Reaktion auf Falks Wutanfall derart begeistert, dass wir auch etliche Wochen nach der Wahl noch viele beeindruckende und harmonische Gespräche führten. Auf seiner großen, dicht bepflanzten Terrasse über den Dächern von Wien verriet er mir, wohin der Großteil seines doch recht beachtlichen Einkommens fließen würde: in das großflächige Freikaufen von Regenwald!

Als der Frühling kam und es immer wärmer wurde, sagte Hundertwasser, dass er jetzt bald wieder nach Neuseeland, in seine zweite Heimat, fahren würde und auch warum: Erstens, weil die Wärme seinen Blutdruck zu weit absinken ließe und zweitens, weil ihn die vielen leicht bekleideten Mädchen und Frauen zu sehr von seiner Arbeit ablenken würden. Zum Abschied, der auch sein letzter sein sollte, wünschte er mir viel Glück und beendete seinen letzten Satz an mich mit drei Worten, die mir für immer im Gedächtnis bleiben werden: „... und bleiben sie unschuldig!"

Liebe, Liebe, Liebe, Liebe

... das ist die Seele des Genies." schrieb Wolfgang Amadeus Mozart und "All You Need ist Love" singen die Beatles. Auch viele andere Genies sind sich einig: Die Liebe ist die größte Macht auf Erden. Und bei allem, was wir im Leben tun oder lassen, geht es in Wahrheit immer nur um Liebe!

Also ist die Liebe natürlich auch im Stande, den Schuldenberg eines Menschen von einem Moment auf den anderen in Luft aufzulösen und ihn nie wieder schuldig werden zu lassen. Die wohl radikalste Aussage in der Geschichte der Menschheit ist daher die unmissverständliche Aufforderung „Liebe deinen Nächsten WIE dich selbst!"

Wie aber sollen wir unseren Nächsten lieben, wenn wir nach 2000 Jahren Christentum noch nicht einmal gelernt haben, uns selbst zu lieben? Darauf gibt es nur eine Antwort: Es ist allerhöchste Zeit, dass wir damit endlich anfangen!

Eine einfache, millionenfach bewährte Methode ist folgende: Betrachten Sie sich in einem Spiegel und sagen Sie zu sich selber: „Ich liebe dich ... (Vorname). Ich liebe dich wirklich!" und das tagtäglich und so oft wie nur möglich.

Mehr über die Magie der Liebe findest du in dem 21-Tage-Kurs von Louise Hay aus ihrem genialen Handbuch über die „Spiegelarbeit" - sowie bei www.herzmagie.de

Zusammenfassung

„Wissen ist Macht" lautet ein bekanntes Sprichwort. Doch das ist eine Halbwahrheit. Und die ist laut Michail Gorbatschow die gefährlichste Lüge. Nicht angewandtes Wissen ist nutzloser

Ballast. Nur angewandtes Wissen ist Macht! Das gilt natürlich auch für das Wissen, das in diesem Buch steckt. Deshalb hier eine kurze Zusammenfassung für die tägliche Praxis:

Bei Kindern, die wiederholt bestraft werden, entsteht auf der Triebebene eine fixe Verbindung zwischen Missetat und Strafe, die wir in diesem Buch „Schuld- und Sühneprogramm" nennen. Kinder, die nicht oder kaum bestraft wurden oder werden, sind frei davon.

Je früher, öfter und stärker die Bestrafungen erfolgt sind, desto mächtiger ist das Programm. Je später, seltener und harmloser die Strafen waren, desto schwächer ist es. Wir haben es also in der Hand, dass unsere Kinder für immer unschuldig bleiben!

Sobald das Programm bei jemandem etabliert ist, wird jeder Gedanke, jede Emotion, jedes Wort, jede Tat und jede Unterlassung, bei der er sich schuldig fühlt, zu einem Baustein für seinen (eingebildeten aber trotzdem 100 Prozent realen!) Schuldenberg.

Jedes Mal, wenn dieser Berg zu hoch wird, kippt er und löst automatisch (vom Verstand unbeeinflussbar) eine Selbstbestrafung aus: einen Unfall, eine Krankheit oder einen anderen Verlust.

Danach ist eine Weile Ruhe bis zum nächsten Kippen des Berges.

Und so kann jeder seinen Schuldenberg abbauen:

die Verantwortung übernehmen, den Fehler oder Irrtum zugeben, den Schaden wiedergutmachen, um Verzeihung bitten, allem und jedem verzeihen, allem und jedem danken, die eigene Lebensbilanz durch Geben und Teilen verbessern, die Selbstliebe stärken und Liebe zulassen.

Noch besser ist es, gleich so zu leben, dass wir immer ein gutes Gewissen haben. Das heißt z.B., dass wir mit Kritik sparsam umgehen und stattdessen reichlich Anerkennung geben, dass wir ehrlich zu anderen und uns selber sind, dass wir aufhören zu urteilen und stattdessen einfach alles „nur" wahrnehmen und dankbar sind.

Die Krönung ist es, durch ein Leben in Liebe, Freiheit und Frieden eine Bewusstseinsstufe zu erreichen, die uns in jedem Augenblick tief in unserem Herzen offenbart, dass jeder Mensch immer sein Bestes gibt – und daher immer schon unschuldig war, ist und bleibt!

***

Es gibt nichts Gutes, außer man (ich, du, er, sie, es) tut es! Deshalb hier noch eine allerletzte Geschichte, worauf es im Leben – und damit auch bei diesem Buch – wirklich ankommt:

Der alte Mann und der junge Prinz

Vor langer, langer Zeit existierte in einem fernen Land ein kleines, aber reiches und friedliches Königreich. Die Hauptursache des Wohlstands und der Zufriedenheit im ganzen Reich war nicht der fruchtbare Boden und auch nicht der Fleiß seiner Bürger, denn das gab es woanders auch, sondern die Weisheit eines einzigen, alten Mannes.

Denn immer, wenn Markttag war, strömten die Bürger aus dem ganzen Königreich in die kleine, schmucke Hauptstadt. Und sie verkauften und kauften dort nicht nur ihr Obst, ihr Gemüse, ihr Getreide und vieles andere des täglichen Bedarfs, sondern holten auch, wann immer es nötig war, den Rat des alten, weisen Mannes ein. Und gleichgültig, mit welchem Problem die Bürger auch an ihn herantraten, er wusste immer eine Lösung zum Wohle des Ganzen.

Alle im Reich schätzten sich glücklich, immer wieder von der Weisheit des alten Mannes lernen zu dürfen, nur einer nicht: Der junge, stolze

Prinz! Dass der einfache, alte Mann mehr Aufmerksamkeit auf sich zog als er selbst, machte ihn rasend vor Eifersucht. Also suchte er nach einem Weg, wie er den alten Mann so sehr ins Unrecht setzen könnte, dass sich die Bürger von ihm abwenden würden.

Eines Tages ließ sich der junge Prinz in seiner Sänfte durch einen großen Bazar tragen und entdeckte dort einen winzigen Vogel, der in seinem kleinen Käfig hin und her hüpfte. Und sofort kam ihm eine teuflische Idee: Er würde am nächsten Markttag mit dem winzigen Vogel in seiner hohlen Hand den alten Mann aufsuchen und ihn fragen, ob das, was er in seiner Hand hält, lebendig oder tot sei.

Würde der alte Mann antworten, es sei lebendig, dann würde er den Vogel zerdrücken. Würde er sagen, es sei tot, dann würde er ihn fliegen lassen. Egal wie der alte Mann auch antworten würde, er hätte auf jeden Fall Unrecht, und der Glaube an seine Weisheit wäre gebrochen.

Am nächsten Tag ließ der junge Prinz im ganzen Reich verkünden, dass er beim nächsten Markttag dem alten, weisen Mann eine Frage stellen würde. Diese Botschaft erregte so großes Aufsehen, dass an diesem Tag alles was Rang und Namen hatte in die Hauptstadt strömte, um *selbst mitzuerleben, wenn der alte, weise Mann und der junge, stolze Prinz aufeinandertreffen.*

Als dieser Tag dann endlich kam, waren dreimal so viele Menschen wie sonst am Marktplatz versammelt und fieberten dem Augenblick der Begegnung der beiden so unterschiedlichen Männer entgegen. Der alte Mann hatte wie immer sein langes, weißes Gewand an und saß auf einem großen, weißen Stein in der Mitte des Marktplatzes, umringt von Menschen, die seinen weisen Rat suchten.

Seine weißen, langen, wallenden Haare und der ebenso lange Bart wurden vom lauen Sommerwind leicht bewegt und standen in einem starken Kontrast zu seiner dunklen, von der Sonne gegerbten Haut und den blauschwarzen Augen. Auch er hatte von dem Vorhaben des jungen Prinzen gehört, verhielt sich aber so wie immer.

Plötzlich ging ein Raunen durch die Menschenmenge. Denn die prunkvolle Sänfte des jungen Prinzen und sein Gefolge hatten den Marktplatz erreicht und bahnten sich nun durch die erregte Menge ihren Weg. Als sie den Platz erreicht hatten, wo der alte Mann wie immer auf seinem Stein saß, stieg der junge Prinz aus seiner prächtigen Sänfte herab auf den staubigen Boden und ging langsam auf ihn zu.

Sein glattes, pechschwarzes Haar reichte ihm bis zu den Schultern und wurde von einem mit Rubinen, Saphiren und Smaragden bestickten, goldenen Turban gekrönt. Noch mehr als die Edelsteine auf seinem Turban strahlte das Weiß um seine dunklen Augen und seiner makellosen Zähne aus seinem kaffeebraunen, kantigen Gesicht.

Wie geplant hatte der junge Prinz, der ganz in weiß gekleidet war, schon bevor er mit seinem Gefolge den Marktplatz betreten hatte, den winzigen Vogel aus seinem Käfig geholt und ihn in seiner rechten, hohlen Hand verborgen. Es war inzwischen ganz still geworden auf dem Marktplatz, bis der Prinz endlich das Schweigen brach:

„Du, alter Mann, bist doch so weise!" höhnte er mit sichtlicher Vorfreude auf den sicheren Sieg und erhob triumphierend seine rechte, leicht geschlossene Hand. „Sag mir also: Ist das, was ich in meiner Hand halte, lebendig oder tot!" Spätestens jetzt war allen Versammelten klar, dass es hier um eine, alles entscheidende Machtprobe ging, aus der nur ein Sieger hervorgehen konnte.

Also teilte sich die Menge binnen weniger Sekunden in drei Lager: Ein Viertel der Menschen *stellte sich hinter den jungen Prinzen und nur halb so viele hinter den alten Mann. Die große Masse aber strömte zur Mitte, um im richtigen Augenblick auf die Seite des Gewinners zu springen.*

Der alte Mann ließ sich von all dem nicht beeindrucken, tat aber dann etwas, was er noch niemals zuvor getan hatte: Er erhob sich von seinem Stein! Dann ging er mit bedächtigen Schritten auf den jungen Prinzen zu und sagte mit sanfter und dennoch fester Stimme: „Was Ihr in eurer Hand haltet, junger Prinz, ist das was Ihr daraus macht."

Ich danke dir ...

- für deine Fragen zu den einzelnen Kapiteln, Geschichten und Botschaften, falls etwas noch nicht klar genug ist.
- für deine Anregungen, was wir bei der nächsten Auflage dieses Buches noch besser machen können.
- für deine Geschichten über eigene Erlebnisse, aus denen das Wirken des Schuld- und Sühneprogramms oder dessen Auflösung erkennbar ist.
- und für das TEILEN dieses Buches, seiner Geschichten und Botschaften mit anderen Menschen:
- Nimm es mit in die Bahn, die U-Bahn, den Bus, ins Kaffeehaus und überall dorthin, wo du warten musst.
- Mach zwei Menschen in deinem Umfeld eine Freude und schenke ihnen dieses Buch auch ganz ohne Anlass!
- Hilf mit, dass tausende Menschen sich von meinen Geschichten inspirieren lassen, die Lektionen beherzigen und so immer mehr Liebe, Freiheit und Frieden ernten!

Kary Nowak, Bestsellerautor,
Selfness-Trainer und Vereinsprofi
E-Mail: kary.nowak@bruderbaum.org

Literaturhinweise

BYRNE Rhonda: The Secret – Das Geheimnis, Arkana
CARNEGIE Dale: Wie man Freunde gewinnt, Fischer TB
CARNEGIE Dale: Sorge dich nicht – LEBE! Fischer TB
DAHLKE Rüdiger: Krankheit als Weg, Goldmann
DOSTOJEWSKI Fjodor: Schuld und Sühne, Anaconda
DUPRÉE Ulrich Emil: Ho'oponopono – Das hawaiianische Vergebungs-
ritual, Schirner
EGLI René: Das LOL²A-Prinzip, Editions d'Olt
FERRINI Paul: Die Wahrheit in dir, Aurum
HAMER Ryke Geerd: Krebs - Krankheit der Seele, Amici di Dirk
HAY Louise: Spiegelarbeit - Heile dein Leben 21 Tagen - L.E.O.
KENAWI Samirah: Falschgeld – Die Herrschaft des Nichts über die
Wirklichkeit, EWK
KIRSCHNER Josef: Die Kunst, ein Egoist zu sein, Knaur
MILLER Alice: Das Drama des begabten Kindes und die Suche nach
dem wahren Selbst, Suhrkamp
MULFORD Prentice: Unfug des Lebens und des Sterbens, Fischer Ta-
schenbuch
NOWAK Kary: Der Krebsheiler-Report (ursprünglich: Krebsheiler pak-
ken aus), Die Silberschnur
NOWAK Kary: Das IDEALprogramm – Dein Führerschein zum Glück-
lichsein, Besser Leben
NOWAK Kary, REICHL Michael: Die sieben Geheimnisse der Reichen,
Ibera
NOWAK Kary: Eva ist unschuldig ..., Bücher mit Herz
SCHMIDT K.O.: Die Goldene Regel – Das Gesetz der Fülle, Drei Eichen
Verlag
TANIGUCHI Masaharu: Die geistige Heilkraft in uns, Lorber Verlag
und Turmverlag
TEPPERWEIN Kurt: Die geistigen Gesetze, Goldmann
TELLINGER Michael: Das UBUNTU Prinzip – ein revolutionärer Plan
für gerechten Wohlstand, Hesper
TOLLE Eckhart: Eine Neue Erde – Bewusstseinssprung anstelle von
Selbstzerstörung, Arkana
ULMER-JANES Eva: Die Magie kehrt zurück, Ibera
WEBER Walter: Die Seele heilt den Menschen, Herbig

Filmempfehlungen

FEMALE PLEASURE – 5 Kulturen, 5 Frauen, eine Geschichte
GHOST – Nachricht von Sam
HARRY POTTER und die Kammer des Schreckens
KUNG FU PANDA

Über den Autor

Kary Nowak ist am 29. August 1943 in Wien geboren und auch dort aufgewachsen. Er hat mit seiner Frau Edeltraud drei erwachsene Kinder und lebt in Mödling, der Perle des Wienerwalds. 1978 organisierte er eine Bürgerinitiative gegen die Inbetriebnahme des Atomkraftwerks Zwentendorf und hat damit zur Atomkraft-Freiheit Österreichs beigetragen.

1981 entdeckte er seine Lust am Schreiben, gründete die Öko-Zeitschrift „Besser Leben – anders leben" und war fünf Jahre lang deren Chefredakteur, danach einige Jahre lang Chefredakteur der Zeitschrift „Natur & Gesundheit". 1984 organisierte Nowak gemeinsam mit dem Wiener Stadtgartenamt die Aktion „Baumpatenschaft" die das erste Wiener Stadtbaum-Sanierungsprogramm auslöste und zur Gründung der Umweltorganisation „Bruder Baum" führte.

Nach sechs Waldhilfemodellen organisierte er 1990 die Wassertestaktion „Nitrat im Trinkwasser" mit rund 500.000 Testvorgängen und über 2.000 Medienberichten. Dies führte zur Halbierung der gesetzlichen Grenzwerte für Nitrat im Trinkwasser und zu einer drastischen Absenkung des Kunstdüngereinsatzes in Österreich – mehr bei www.bruderbaum.org

Als überzeugter Friedensaktivist organisierte Kary Nowak 1995/96 das Neutralitätsvolksbegehren und trat bei den Bundespräsidentschaftswahlen 1998 als unabhängiger und zunächst einziger Kandidat für die Neutralität Österreichs an. Ergebnis: Der damals zwischen den Großparteien bereits fix paktierte Beitritt Österreichs zur NATO wurde fallen gelassen.

1992 verfasste der Autor sein erstes Buch, den Bestseller „Krebsheiler packen aus". 1997 folgte der Science Fiction Roman „Friedenskrieg", im Jahr 2000 die Fibel „Das IDEALprogramm – dein Führerschein zum Glücklichsein.

2007 erschien das Buch „Die sieben Geheimnisse der Reichen" und entstand das Selfness- und Kommunikationstraining „Ja, du kannst es!" sowie diverse andere Trainings und Workshops – mehr dazu bei www.karynowak.at und www.karys-storys.at

Aus dem Inhalt des Buchs
„Eva ist unschuldig ... und Adam auch"

1. Adam, Eva und die Sünde
2. Aus 10 Geboten werden drei
3. Erich gegen Erich – warum?

4. Das Schuldgeld und die Macht in dir
5. Franzi, Dobby und die Strafe
6. Ho' Oponopono –
   eine Streitkultur zum Verlieben

7. Flohzirkus – wie lange noch?
8. Natürliches Lernen –
   angstfrei und fehlerfreudig
9. Dann hau ich Ihnen auch auf Ihre Finger!

10. Die magische Lüge und mein Knie
11. Ray Charles und der Tod seines Bruders
12. Ganz plötzlich von 8 auf 25 Dioptrien!

13. Bhagwan, Anna und ihr Candida
14. Der pawlow'sche Hund
15. Frei von Schuld

erhältllich bei www.bod.de/buchshop und im Buchhandel.

Vorschau auf das Buch
„3 Wege zum Glücklichsein"

Ab Juni 2019 erhältllich bei
www.bod.de/buchshop und im Buchhandel

Schutzengel-Paket

Eine Anleitung für mehr Liebe, Fitness und Wohlstand

Unfälle, Krankheiten und andere Verluste sind kein Schicksal, sondern haben fast immer eine dieser drei Ursachen:

1. Fehldiagnosen und deren Konsequenzen
2. Dauerhafter Mangel an Wertschätzung
3. Ein aktives Schuld- und Sühneprogramm

Du kannst diese drei Hauptursachen selbst ausschalten und dein Verlustrisiko damit um 80 bis 90 Prozent reduzieren! Wie das in Detail geht, zeigen dir die nachfolgenden Informationen.

Mehr dazu bei www.schutzengel-paket.de

100.000 Euro durch Verein

1992 versuchte die Ärztekammer, meinen ersten Bestseller **„Nie mehr Angst – Krebsheiler packen aus"** aus dem Verkehr zu ziehen – dank eines schlauen Absatzes am Anfang des Buchs aber vergeblich!

1995 machten wir dann den **tödlichen Fehler**, ohne Verein die Gründung einer Patientenkammer zu initiieren. Daraufhin klagte die Ärztekammer uns wegen unlauterem Wettbewerb! Ich dachte zunächst, das ist ein Scherz. Doch nachdem der Richter uns gleich am Beginn der Verhandlung anschnauzte, verging mir das Lachen: „Das könnt ihr nicht gewinnen. Ich rate euch dringend zu einem Vergleich!" Da eine Freundin von mir viel zu verlieren hatte, stimmte ich dem Vergleich zu, was uns insgesamt 150.000 Schilling kostete – das entspricht heute einer Kaufkraft von rund 100.000 Euro!

Damals schwor ich mir, **nie wieder als Privatperson** etwas zu sagen, zu schreiben oder zu tun, was eventuell klagbar sein könnte, sondern nur als Vorstandsmitglied eines Vereins. Denn da muss dir erst böse Absicht oder grobe Fahrlässigkeit nachtgewiesen werden, und das ist in 99 von 100 Fällen so gut wie unmöglich, wie das nachfolgende Beispiel zeigt:

2010 wurden die BIONIERE von der Finanzpolizei angezeigt, weil wir in unserem Bauernladen in Wien angeblich jemand beschäftigten, für ihn aber keine Steuern und keine Sozialversicherung bezahlten. Doch da kannte ich das österreichische Vereinsgesetz schon recht gut. Und auch im Sozialversicherungsrecht war ich schon gut zuhause. Deshalb wurde der Strafantrag von der höchsten Instanz schon nach 30 Minuten Verhandlung abgelehnt.

So profitierst du von
35 Jahren Vereinserfahrung

Inzwischen habe ich mir als Vereinsprofi viel Ärger erspart und etliche Projekte realisiert. Hier ein Beispiel: Im Rahmen der Wassertestaktion "Nitrat im Trinkwasser" hat die Umweltinitiative BRUDER BAUM weit mehr als 100.000 Euro steuerfrei eingenommen und wieder ausgegeben – und das 100 % legal! Denn Spenden sind generell steuerfrei. Und andere Einnahmen im Rahmen des Vereinszwecks sind innerhalb bestimmter Höchstgrenzen ebenfalls steuerfrei! Das Beste aber ist: Alles was ich selbst kann, das kann ich auch dir lernen! Ich zeige dir,

- ♥ wie du deine Ideen in eine rechtsgültige Form bringst,
- ♥ wie du Freunde und Partner/innen gewinnst und
- ♥ wie du Spenden bekommst und legal Steuern sparst!

Ich begleite dich und deine Freunde von der Idee über das Entwickeln der Vereinsstatuten bis hin zum erfolgreichen Start des Vereins - und auf Wunsch auch noch danach bis zu eurer Erfolgsstory!

Möchtest du einen Verein gründen?
Kennst du jemanden, der das möchte?
Dann sende mir eine E-Mail oder ruf mich einfach an.*

Kary Nowak
Tel. 0043 (0) 699 1303 3030
E-Mail: kary.nowak@bruderbaum.org

*) Das erste Gespräch ist kostenlos

Wolfgang Wieser
Bewusst leben
Dein Weg des Erkennens

Ratgeber für Lebensführung,
Bewusstseinserweiterung,
Spiritualität, persönliche Ent-
wicklung

Deutsche Erstausgabe 2017
E-Book € ç,90, Taschenbuch
€ 18,08: www.amazon.de

Hardcover €21,50 (A),
www.buechermitherz.org

206 Seiten,
Format 15,8 x 21,0 cm

ISBN 978-3-9503947-3-3

Ein liebevoll verfasstes Buch, das nichts für schwache Herzen ist. Es beginnt mit der Geschichte eines jungen Kriegers, der sich auf den Weg macht, um eine große Prüfung zu bestehen. Dabei erkennt er einen Bewusstseinsbereich, der in jedem Menschen vorhanden, aber für den denkenden Verstand unbegreiflich ist. Im zweiten Teil des Buches beschreibt der Autor, was uns daran hindert, diese Quellen des Lebens zu erkennen und wie wir uns ihr wieder öffnen können.

WIR, die Bücher mit Herz – Mitglieder, sind eine Gemeinschaft von Autoren im Eigenverlag und begegnen einander stets auf Augenhöhe. Jeder bringt sich eigenverantwortlich ein, wie es seinen Talenten und Fähigkeiten entspricht.

Wir begleiten, fördern und unterstützen einander bei Öffentlichkeitsarbeit und Kommunikation, setzen gemeinsame Etappenzeile und freuen uns über unsere Erfolge.

In der Gemeinschaft erreichen wir leichter unsere Ziele und können uns so zu ungeahnten Höchstleistungen anspornen.
Das Prinzip „Miteinander & Füreinander" ist hier gelebtes Selbstverständnis.

Impressum
Bücher mit Herz Eigenverlag Gemeinschaft,
ZVR 821981366
A-2340 Mödling, Ferdinand Fleischmanngasse 5/10,
Mobil +43(0)69912400117
info@buechermitherz.org, www.buechermitherz.org